바울과 현대철학

바울과
현대철학

바울은 동시대에 대해
무엇을 말하는가

김성민 지음

새물결플러스

책을 시작하며

이 책의 기획은 새물결아카데미에서 "바울과 현대철학"이라는 제목으로 강의를 하면서 시작되었습니다. 이 주제로 현대사상의 흐름을 파악하고 그것이 성서와 신학 그리고 기독교 공동체에 어떤 함의를 던져주는지를 살피는 강좌였습니다. 현대정치철학에서 몇몇 철학자들이 자신들의 책에서 사도 바울을 다루는데 저는 그 이유와 내용이 무엇인지를 기독교인 독자들에게 소개하고 싶었습니다.

보통 철학에서 성서 텍스트와 그 주제에 관심을 갖게 되는 최근의 현상을 어떤 사람들은 '종교적 전회'라고 말하기도 합니다. 하지만 사실 이 말은 정확한 표현이 아닙니다. 우리나라에서 철학자들이 종교적 주제나 종교적 인물을 그들의 텍스트에서 직접적으로 사용하는 일은 금기시 되는 경우가 많습니다. 하지만 서구 사회에서 성서는 그들의 고전일 뿐만 아니라 성서의 내용은 문학과 문화 그리고 예술에서 이미 일반화되어 있습니다. 그런 점에서 철학자들이 자신들의 글에서 바울을 다룰 때도 종교적 시각에서 접근한다기보다는 자신의 철학적인 용도에 맞게 사용합니다. 학자들이 현실적 개입의 중요성을 인식하고 있다면 그것이 종교적 현상이라

하더라도 개입을 하려고 할 것입니다. 그럴 때조차도 종교적 주제를 다루는 학자들이 종교적인 입장을 갖게 되었다는 것을 의미하지는 않습니다.

필자는 본서의 주제에 대해 평소 지속적인 관심을 갖고 공부하는 연구자이지만 신학과 철학을 함께 다룰 때는 신경이 두 배로 쓰입니다. 신학은 신학 자체의 학문적 흐름이 있고 철학은 철학만의 독특성이 있기 때문입니다. 신학이 철학을 다루는 것 만큼 철학은 신학에 관심이 없습니다. 이 둘의 조합은 생각보다 간극이 큽니다. 두 학문은 어쩌면 정반대의 전제에서 출발합니다. 신학이 대체로 답을 먼저 상정하고 물음을 해결하는 방식이라면, 철학은 물음으로 시작하여 답을 복수적으로 찾아가는 방식의 학문입니다. 이 둘 사이의 이러한 차이는 매우 근본적인 차이라고 해도 과언이 아닙니다. 그러다 보니 양쪽의 방법론을 조화시키기 힘든 부분이 있습니다. 이 책도 사실은 신학을 본격적으로 다루지는 않습니다. 다만 여러 사상가들이 접근하고 사용하는 '바울'이라는 형상의 특징을 그들의 핵심적인 사상을 매개로 하여 전달하는 것이 목표입니다.

이 책은 학술연구서가 아니라 대중 독자들을 위한 입문서입니다. 바울에 대해 다루는 철학자들의 대표적인 저서 한두 권을 중심으로 그들의 핵심적인 논지와 주장을 요약하고 정리했습니다. 이런 이유 때문에 신학 또는 철학 분야의 전문 연구자들은 많은 아쉬움을 느낄 수 있겠습니다. 그럼에도 일반 독자들이 본서가 소개하고 있는 철학자들의 저서들을 읽고 싶은 마음이 생긴다면 소기의 집필 목적을 이루는 것입니다. 이 입문서를 기점으로 앞으로 기회가 닿는 대로 각 철학자들에 대한 연구서나 관련 주제를 다루는 저서들을 집필하는 데 힘써보겠습니다.

이 책은 바울을 자신들의 철학을 위한 하나의 사례로 '사용'하는 현대철학자들(또는 사상가들)의 핵심적인 논의를 독자들이 쉽게 이해할 수 있도록 돕는 데 목적이 있습니다. 이 책은 철학자들을 통해 기독교를 옹호하거나 변호하는 논리를 제시하지 않습니다. 기독교 변증 내지 호교론적 논증을 추정하지도 않습니다. 이 책을 '새로운 기독교'에 대한 탐색과 기독교의 내적 비판을 위한 공부의 출발점으로 삼으시기 바랍니다. 프롤로그와 에필로그에서 밝혔듯이 기독교인들에게는 이 책이 기존의 기독교의 정체성을 강화하기보다 타자들과 공존하는 '경계 위의 기독교'를 위한 통찰을 얻는 도구가 되길 바랄 뿐입니다.

책 집필은 강의와 완전 다른 차원의 작업이라는 점을 집필과정에서 실감했습니다. 말하기는 상황과 조건에 따라 글쓰기보다 훨씬 유동적인 전개가 가능합니다. 이에 비해 글쓰기는 보편적인 독자를 고려해야 하기 때문에 내용적으로는 정확성을 담보해야 한다는 부담이 있습니다. 그만큼 시간도 많이 걸렸습니다. 여러 아쉬운 부분이 많지만 저의 연구의 출발점으로 삼으려고 이 책을 용감하게 선보입니다. 이 주제에 입문하시는 독자들에게 작은 도움이 되길 바랍니다. 아울러 독자들의 진심어린 비판과 격려를 부탁드립니다.

부족한 저자에게 강의 기회뿐만 아니라 출판의 기회를 주신 새물결플러스&새물결아카데미 김요한 대표님께 감사를 드립니다. 제가 개인적인 어려움이 있을 때 여러 조언과 격려를 해주신 부분도 잊지 않겠습니다. 그리고 표지와 내지 디자인을 위해 수고해주신 새물결플러스 편집부에 감사의 마음을 전합니다. 제 강의를 수강하시고 녹취까지 해주셔서 이 책을 정리하는 데 도움을 주신 오종수 선생님께도 감사드립니다. 부족한 제자의 좌충우돌 행보를 묵묵히 지켜봐주신 저의 철학 선생님이신 강영안 교수님께 이 지면을 빌려 감사드립니다. 무엇보다 제 가족들에게 감사합니다. 제 곁의 비판적 지지자인 아내 최은미, 페미니스트 예술가 지망생 예하, 유일하게 아빠와 함께 놀아주는 주하에게 모두 고마운 마음을 전합니다. 사랑하고 존경하는 제 아버지와 어머니께 이 책을 고마움의 선물로 드립니다.

3장 중단으로서의 메시아주의
발터 벤야민의 역사 이해와 메시아주의

4장 정치적인 것과 메시아적인 것
칼 슈미트와 야콥 타우베스의 정치신학

프롤로그: 왜 바울인가

예수의 삶과 가르침에 대한 기록인 신약성서의 복음서를 어떻게 해석하느냐에 따라 성서 전체를 보는 관점이 결정됩니다. 복음서를 통해 구축하려고 하는 예수의 이미지 자체가 일정한 기독교 그룹의 신학적·정치적 성격을 잘 반영하고 있기 때문입니다. 예수의 삶과 가르침의 급진성을 구제하려 애쓰는 신학은 '지금 여기'라는 삶의 자리에서 예수의 교훈과 영성이 차지하는 중요성에 집중합니다. 반면 피안의 세계를 위한 '영혼의 구원'에 집착하는 신학은 예수의 삶의 이야기 대신 내세를 위한 초인간적 구원자 이미지를 강조합니다. 삶과 가르침뿐만 아니라 십자가와 부활의 사건도 역사적이고 사회적이며 정치적인 맥락에서 찾을 것인지 아니면 신자의 영적인 구원과 교회 공동체의 역할과 관련하여 찾을 것인지에 따라 그 의미가 크게 달라집니다.

예수와 바울의 연속성의 문제

사도 바울에 대한 해석도 서구 기독교 역사에서 상당한 논쟁의 대상이었습니다. 어떤 측면에서 보면 예수에 관한 해석보다 더 논쟁

거리인지도 모릅니다. 예수에 대한 복음서의 기록은 상대적으로 예수의 삶과 가르침의 급진성을 상당 부분 유지한 채 전달되고 있는 것처럼 보입니다. 반면에 친서와 위서로 구분할 수 있는 바울의 서신 중에서 위서의 경우는 편집자의 보수적인 시각이 많이 반영되어 있습니다. 바울이 예수의 활동적이고 생명력 넘쳤던 신앙 공동체의 운동성을 약화시키고 심지어 왜곡시키면서 신앙을 교조화하거나 교회라는 울타리 안에서 제도화시켰다는 비판이 있는 이유입니다. 기독교 내에서 바울은 제도적 교회를 정식화하고 교회 공동체 차원의 사유와 삶의 가능성을 설파했던 인물로 인식되어왔습니다.

그래서 예수와 바울 간의 연속성과 단절성을 어느 수준에서 결정할 것인가의 문제가 중요합니다. 바울을 기독교의 창시자로 보는 견해는 아무래도 예수와의 연속성보다 단절성에 더 방점을 찍고 있습니다. 예수는 팔레스타인을 일평생 떠나지 않았던 인물인데 반해 바울은 소아시아와 유럽의 일부 지역을 여행하고 탐방했던 인물입니다. 예수는 로마의 식민지였던 유대 변방의 인물이었고 바울은 로마의 시민권을 가진 디아스포라 유대인이었습니다. 그들이 직면했던 구체적인 상황과 인간관계는 달랐지만 제국의 통치라는 역사적인 조건은 어느 정도 공유합니다. 두 사람 모두 제국의 통치에 대해 저항적 태도를 취했다고 본다면 연속성을 강조하는 것이고, 반면 예수의 권위에 대한 저항성에 비해 바울은 제국 친화적이었다고 본다면 두 인물 간 단절성을 강조하는 것입니다. 물론 대체로 기독교 내에서는 신학적인 동일성을 유지하기 위해 연속성을 강조하는 경우가 많습니다.

역사적 바울 연구와 다수적 바울 해석

최근에는 '역사적 바울'에 대한 연구가 활발합니다. 바울의 역사적
이고 정치적이며 사회적인 맥락을 잘 살펴야 그의 글들의 위치를
제대로 자리매김할 수 있다는 주장이 설득력을 얻고 있습니다. 텍
스트를 연구할 때 역사적·사회적 정황을 제대로 살피는 일은 너무
나 당연한 작업입니다. 사정이 많이 달라졌다고는 하지만 한국에
서의 성서 텍스트 연구는 이런 과정이 무시되는 경우가 많았습니
다. 바울을 제대로 이해하려면 유대인 바울과 로마인 바울을 모두
고려하고 거기에 '그리스도 안에서'라는 독특한 바울의 주체(하나님
나라의 시민)의 성격을 함께 살펴야 합니다. 바리새파에 속해 있던 바
울은 종교적으로는 정통 유대교의 교훈에 익숙했지만 동시에 디아
스포라 유대인이었기 때문에 삶의 정황적 조건에서는 그리스-로
마 문화의 영향권 아래 있었습니다. 이 두 조건이 바울의 독특성을
만들어냅니다. 이러한 바울읽기의 예로는 샌더스(E. P. Sanders)[1]가 제
출하고 제임스 던(James D. G. Dunn)[2]이나 톰 라이트(N. T. Wright)[3] 등
이 계승 발전시키고 있는 바울신학의 새로운 관점(new perspective)에
대한 활발한 연구가 대표적입니다. 새 관점에서 제시하는 논의의
핵심에는 1세기 유대교의 성격에 대한 해석이 자리잡고 있습니다.
새 관점 학파의 신학자들은 1세기 유대교의 다양성과 개방성에 주
목합니다. 그들은 1세기의 유대교가 율법을 지킴으로써 구원받는

다고 강조했다는 전통적인 입장에 이의를 제기합니다. 1세기 유대교가 생각보다 게토화되거나 폐쇄적인 종교집단이 아니었다는 주장입니다. 말하자면 구원은 야웨의 선택과 약속에 의해 이루어질 것이고 이러한 신의 은총에 대한 강조는 그만큼 1세기 유대교가 개방적인 면모를 갖춘 공동체였음을 말해준다는 것입니다.

다른 한편으로 바울이 처한 정치·사회적 맥락을 다룰 때 로마제국과의 관계에 특히 주목하는 연구들도 제출되고 있습니다. 바울을 제국주의에 저항하고 분투했던 인물로 보려는 입장입니다. 이러한 예는 여러 학자가 기고를 하고 리처드 호슬리가 편집을 담당한 『바울과 로마제국』[4]에서 잘 나타납니다. 『바울과 로마제국』은 바울이 사용하는 대표적인 용어들을 로마제국에서 차용했다고 주장합니다. 바울이 그리스도의 복음을 위해 사용한 대부분의 핵심 용어들이 로마제국주의 숭배 사상의 용어들에서 유래했다는 주장입니다. 아우구스투스 황제(기원전 63년-기원후 14년)에게 붙였던 '주'(lord)라는 표현이나 '구원자' 또는 '해방자'라는 용어가 대표적입니다. 바울은 예수를 법과 군대를 앞세운 로마제국의 정치에 대항하는 비폭력 해방자로 이해했다고 합니다. 예수를 추종하는 자들과 바울이 로마제국의 지배 상황 가운데서 그들만의 안티제국(하나님 나라)을 형성하기 위해 일종의 정치모임인 교회(에클레시아)를 조직해갔다는 것입니다. 이들은 신약성서의 사도행전의 바울과 달리 서신서의 바울은 예수의 정치적인 형상 즉 반제국주의적 면모를 강하게 부각시켰다고 주장합니다. 사도 바울은 반유대주의자가

아니라 반제국주의자였다는 것입니다.[5]

　바울은 단지 로마제국의 영향뿐만 아니라 그리스철학과 유대주
의 영향권 아래 있었다는 연구도 활발합니다. 바울이 사용하는 용
어들이 스토아 철학에서 사용된 용어들을 상당 부분 차용했다는
연구들도 있었습니다. 아우구스티누스의 영향으로 바울의 신학은
신플라톤주의와 연결되어 해석되기도 했습니다. 무엇보다 바울 자
신이 차용하는 수사학적 표현들이 그리스-로마의 시대적 조건에
서 비롯되었다는 사실에 대한 연구도 많이 진척된 상황입니다. 바
울이 차용하는 낱말뿐만 아니라 그가 쓴 서신의 구조나 수사학적
표현이 당대의 수사학적 규칙과 언어 사용의 용례를 따르고 있다
는 것입니다. 로마제국은 역사적이고 문화적인 측면에서 그리스-
헬라문화권에 상당히 의존해 있었기 때문에 바울은 이러한 문화권
의 영향을 직간접적으로 받았다는 것입니다. 역사적 바울 연구뿐
만 아니라 신약성서와 구약성서의 편집적 유기성을 강조하는 전통
에서 바울이 구약성서를 적극적으로 활용하고 있다고 보는 연구도
활발한 편입니다.[6]

　바울 신학의 복잡한 조건에 대해 충분히 고려한다면 바울 해석
의 다수성을 인정해야 할 것 같습니다. 다양한 바울 해석이 가능하
다는 말입니다. 그럼에도 바울이 예수의 다른 제자(사도)들과는 달
리 디아스포라 유대인의 정체성을 갖고 있었다는 점에 주목할 필
요가 있습니다. 신약 서신서의 대부분을 바울이 기록했다는 주장

(사실은 친서와 위서가 공존한다)은 바울을 둘러싼 이러한 다수적 해석을 획일화하려는 태도라고 볼 수 있습니다. 무엇보다 디아스포라 유대인이라는 역사적 바울에 대한 해석을 고려할 경우 바울의 다양한 상황적 조건들을 더 세밀하게 살펴야 할 것입니다. 하지만 이 책은 성서신학의 내용을 본격적으로 소개하는 것이 목적이 아닙니다. 오히려 동시대의 철학(현대철학)이 사도 바울을 차용하여 정치철학적인 여러 주제들을 풀어내려는 의도와 의의를 살피는 데 이 글의 목적이 있습니다. 그런 점에서 성서신학의 연구 결과, 특히 바울의 이중적 정체성(디아스포라 유대인)을 전제로 받아들이고 바울을 다루려고 합니다.

제국 내 디아스포라 유대인 바울

바울에 대한 역사적 연구에서 중요한 점은 바울의 유대적 조건(특수성)과 제국적 조건(보편성)을 그의 신학적 주장(복음)과 함께 다루는 것입니다. 그의 신학적 주장은 그가 처했던 조건들과 무관하지 않다는 사실을 먼저 인지할 필요가 있습니다. 바울의 유대적이면서 제국적인 측면을 모두 고려하는 접근 방식이 바로 바울을 디아스포라 유대인으로 규정하는 것입니다. 따라서 바울을 이해하는 데 있어 '디아스포라적' 상황과 문제의식이 무엇보다 중요하다고 하겠습니다. 정통 유대교 중 특히 예루살렘 성전을 중심으로 하는 정통파는 예루살렘이 로마에 의해 완전히 파괴(기원후 70년)된 이후에도 여러 형태로 고수되어왔다고 말할 수 있습니다. 물론 과거 바빌로니아 포로시기부터 유대인들은 이미 세계 곳곳에 흩어져 있었습니다. 디아스포라 유대인의 역사는 엄밀하게 말하자면 제2성전기(바빌로니아 포로시기-기원후 70년)에 해당되지만 이 시기 이전과 이후의 역사도 간과해서는 안 된다는 뜻입니다. 어쨌든 그만큼 디아스포라 유대인의 정체성을 하나로 확정할 수 없다는 어려움이 있습니다. 그럼에도 디아스포라 유대공동체는 하나의 유일한 성격을 가진 공동체가 아니라 역사적 맥락과 지역적 특성에 따라 형성되고 발전한 다수의 특이적 공동체였다는 점을 상기할 필요가 있습니다. 디아스포라 유대인들이 각기 여러 시기에 걸쳐 다양한 지역에서 유대인 공동체의 성격을 유지하려고 했다는 점에서는 어느 정도 종교적 배타성을 갖습니다. 하지만 각각의 공동체는 생존을 위해서라도 어쩔 수 없이 당대의 사회적 조건과 문화를 능동적으로 고려하지 않을 수 없었습니다.

무엇보다 바울은 로마인으로서의 세계사 내지 문명사적 관점의 소유자였던 것으로 보입니다. 바울의 대표적인 편지인 「로마서」는 이런 면모를 잘 보여줍니다. 「로마서」를 기록한 바울을 신학자로서만이 아니라 목회자 겸 선교사이면서 동시에 문명사가 등 입체적으로 볼 필요가 있습니다. 바울은 소아시아와 유럽의 일부 지역에 선교 여행을 했기 때문에 당대의 세계적인 환경에 대한 인식과 감각을 소유하고 있었습니다. 그는 한 곳에 오랜 시간 동안 머물지는 않았지만 적어도 그 지역의 문화적 상황과 공동체의 문제 등을 이해할 수 있을 정도의 충분한 시간을 보내고 그곳 사람들과 적극적인 교류를 하기도 했습니다. 이런 이유로 바울은 시대적 상황에 대한 이해뿐만 아니라 특정 지역에 자리한 공동체의 상황과 삶의 맥락에 대한 이해도 깊었습니다. 이런 측면들을 충분히 고려해보면 바울의 편지의 수신자들이 일정한 지역의 공동체의 일원일 수도 있지만 그런 유사한 사회적 상황과 조건에서 살고 있었던 익명의 사람들일 수도 있습니다. 이처럼 편지 형식의 글 자체가 바울의 사유와 행동 방식의 성격을 잘 대변해줍니다. 바울은 로마제국의 보편적인 문화적 상황과 디아스포라 유대인의 지역적이고 특수한 조건을 함께 고려하면서 편지를 썼던 것입니다.

「로마서」를 자세히 읽어보면 이 편지가 완벽한 신학 체계를 갖춘 글이 아니라는 점을 쉽게 알 수 있습니다. 성서의 대부분의 글이 그렇듯이 신학적 체계의 엄밀성을 의도한 글쓰기 방식이 아니기 때문입니다. 그럼에도 바울은 아담부터 시작해서 예수의 시대까지 이르는 문명사적 조망을 제시합니다. 말하자면 로마에 있는 교회야말로 이런 거대한 역사적 무대에 있는 자들임을 각인시키려고 하는 것처럼 진술합니다. 이런 맥락에서 그는 '만인을 위한 그리스도' 이미지를 부각시킵니다. 제국의 황제와 같이 세계를 통일하는 자 형상을 언급합니다. 로마에 있는 교회 성도들이 처해 있었던 여러 복잡한 상황을 무시하지 않으면서도 동시에 성도들이야말로 하나님 나라의 시민이라고 규정하면서 당대의 세계시민 의식을 부각시킵니다. 여기에는 하나님 나라의 시민은 로마제국 시민의 보편성보다 훨씬 더 우월하다는 견해가 은근히 깔려 있습니다. 그는 결국 하나님 나라에 의해 모든 세계는 진정한 평화를 누릴 것임을 선언합니다. 문명사적이고 정치적인 진술이 선교적이고 목회적인 진술과 조화를 이루고 있는 것입니다. 목회적 조건은 일정한 교회 공동체를 전제로 하는 표현이고, 선교적 조건은 '간(사이) 공동체' 내지 '공동체 바깥'과의 관계 구조가 강조된 표현입니다. 이는 자기에게 익숙했던 공간을 넘어서 이질적인 공간과 조우하는 타자적 조건을 의미합니다. 이질적인 공간은 낯선 타자와의 만남이 기다리고 있는 공간입니다. 문명사적 진술 속에서 공동체와 공동체 바깥의 영역이 만납니다. 적어도「로마서」는 이처럼 보편적인 조건과 특수한 조건의 상호 긴장 관계를 고려한 바울적 기록의 한 예시입니다.

문명사적이고 정치적 관점에서 바울의 글들을 보면 '바울의 신학'도 새롭게 해석할 필요가 생깁니다. 이미 많은 연구들이 이루어지고 있지만 유독 한국의 상황에서 '교리적 바울'이 여전히 과도하게 소비되고 있는데 이는 매우 유감스러운 일입니다. 그만큼 한국 기독교의 보수성이 성서 해석에도 투영이 되고 있다는 증거입니다. 교리적 바울만 강조하게 되면 바울 서신의 다양한 맥락을 무시하거나 바울의 다양한 면모를 제거하여 지나치게 획일적인 해석만 남게 됩니다. 자칫하면 바울의 텍스트에서 맥락상 중요하게 다루는 주제들조차 부차적인 것으로 치부하게 될 수도 있습니다. 물론 신학의 역사는 오래 되었고 다양한 면모를 갖고 있는 것이 사실입니다. 특히 최근의 성서신학의 성과는 바울의 텍스트에 대한 연구를 새로운 차원에서 접근하도록 길을 열어주고 있습니다. 오늘날 세계의 바울

연구 판도는 많이 달라졌습니다. 게다가 복음서와 바울 서신의 관계뿐만 아니라 구약성서와의 관계에 대한 연구도 많은 진전을 보이고 있습니다. 그럼에도 '교회를 위한 신학'이라는 명분으로 바울 서신의 성격을 교리적 측면에서 협소화하는 현실은 여전합니다. 그것도 그럴 것이 기독교의 핵심적인 교리는 바울의 텍스트를 기반으로 하고 있다고 해도 지나친 말이 아니기 때문입니다. 바울의 텍스트를 기초로 해서 교부신학자들이 기독교를 변증하려고 했고 이런 노력이 기독교의 신학(교의학)으로 자리 잡게 되면서 바울과 그의 '신학'은 교회를 위한 독보적인 형상으로 각인되어왔습니다.

현대철학의 바울 '사용'

엄밀하게 말하자면 바울에 대한 새로운 해석들은 신학에서 이미 시작되었고 신학이 바울의 다양한 지위를 나름 탈구축하고 있다고 말할 수 있습니다. 그런데 바울의 텍스트나 그의 형상을 철학 특히 정치철학의 맥락에서 다루는 철학자나 사상가들이 등장합니다. 바울의 텍스트에 대해 정치철학적 해석을 시도하려는 현대철학자들의 목적은 무엇일까요? 그들은 왜 종교적 형상으로 각인되어왔던 바울의 캐릭터를 차용하려고 할까요? 그것은 일차적으로 바울이 제국과 교회 공동체와의 관계를 사유하기 위해 사용한 보편성과 특수성의 주제와 관련이 있습니다. 바울이 처한 보편적 조건 즉 제국의 시민과 특수한 조건 즉 유대인의 정체성 중 어디에 초점을 맞춰 분석하느냐에 따라 바울의 형상이 다르게 인식될 수 있습니다. 그리고 이런 관계적 사유 속에서 '바울적 주체'의 특이성을 드러내고 나아가 현대의 시대적 조건에서 바울을 다시 분석한다면 바울이 던져주는 독특한 측면이 드러날 것입니다. 일정한 특정 공동체가 시대적 조건 속에서 던지는 물음은 매우 복잡합니다. 그래서 이에 대해 여러 견해가 제출될 수밖에 없고 당연히 논쟁의 여지가 발생합니다.

신학자들과는 달리 철학자들에게 중요한 것은 성서 해석의 엄밀성을 확보하는 일이 아니라 자신들의 철학을 위해 바울의 텍스트를 '사용'하는 것입니다. 자신의 독자들을 설득하기 위해 바울을 사용한다는 말입니다. 물론 이때도 지나치게 바울에 대해 자신만 이해할 수 있는 독해를 제시한다면 문제가 있겠지만 기본적으로 기독교의 독해나 여러 인문학적 통찰 등을 참조한다면 큰 무리는 없을 것입니다. 단지 철학적 개념과 사유방식을 통해 바울의 개념을 사용한다는 점을 감안해야 합니다. 그렇다고 바울의 신학에 대한 유력한 해석을 제안할 수 있는 권한이 '철학적 해석'에 주어져 있다고 주장하려는 것은 아닙니다. 신학은 신학의 고유한 학문방식 및 전통이 있기 때문입니다. 오히려 이 책의 관심사는 '철학적 성서 해석'이 갖는 의미가 바울의 텍스트들에 대한 다양한 해석의 가능성을 열어주고 그런 전략이 갖는 긍정적인 효과를 기대하는 데 있습니다.

우리는 성서를 읽을 때 여러 관점에서 접근할 수 있어야 합니다. 때로는 문자적으로 읽어보기도 하고 때로는 정치사회적인 기준으로 읽어보기도 해야 합니다. 거시적으로 접근하기도 해야 하지만 미시적인 관점을 간과해서도 안됩니다. 정신분석학적 성서 해석이나 실존주의적 성서 해석이 불가능한 것도 아닙니다. 성서는 다양한 장르로 이루어져 있는 것 만큼 다양한 상상력을 동원하여 문학적으로 읽을 수도 있습니다. 심지어 페미니즘적인 시각이나 퀴어적인 해석도 가능합니다. 서구사회에서 성서는 경전의 위치보다 고전적 위상을 갖는 텍스트이기 때문에 더욱 다양한 해석의 가능성에 열려 있다고 하겠습니다. 그렇다면 이렇게 고전적 가치를 지닌 성서 텍스트는 현대철학적 논증에서도 충분히 하나의 예시로 사용될 수 있는 것입니다.

그럼에도 현대철학자들이 그들의 철학적 논의를 위해 사용하는 바울은 자신들이 의도하든 의도하지 않든 간에 어느 정도 신학적인 배경을 지닌다는 점도 잊지 말아야 합니다. 상대적으로 유대교적 해석에 친화적인 경우가 있는가 하면 기독교적 해석에 기초한 경우도 있습니다. 특히 메시아주의와 관련하여 신학적으로 서로 상당한 해석적 편차를 드러내기도 합니다. 그래서 철학자가 성서를 다룰 때 필수적이지는 않더라도 가급적 신학적 논쟁의 층위를 어느 정도는 이해하면 좋을 것입니다. 성서 해석은 신학의 학문적 성과를 전제로 해서 현재도 발전하고 있기 때문입니다. 그런 점에서 철학자들이 지나치게 신학의 성과를 부정하거나 무시하는 것도 바람직하지는 않다고 봅니다. 신학과 철학의 학문적 성격이 많이 달라 신학자가 철학에 접근하기는 상대적으로 쉽지만 철학자가 신학에 접근하기는 어려운 것이 현실입니다. 하지만 어쨌든 철학자들이 자신의 철학적 견해와 논증을 극대화하기 위해 바울을 사용하고 있으므로 그들에게 신학적 학문 방식을 지나치게 강요할 수는 없다는 점도 인정할 필요는 있습니다.

일정한 종교적 공동체 내에는 특정한 경전해석의 전통이 존재하기 마련입니다. 하지만 종교적 텍스트로서의 독특성을 존중한다고 해서 성서가 종교인의 독점물이 되어야 하는 것은 아닙니다. 특히 서구 문화에서 성서는 다양한 학문, 문학, 예술 등에 녹아들어 이미 문화적 요소가 되었습니다. 성서 또한 여러 시대와 상황에 직면하면서 시대적 정신을 담아내거나 일정한 사상과 정치적인 행동을 표현하는 매개역할을 감당하기도 했습니다. 하지만 이 책에서 소개할 여러 철학적 바울 해석을 기독교의 옹호나 변증 또는 호교론적 목적에서 사용하는 것은 주의해야 합니다. 이 책에 등장하는 철학자들은 거의 무신론자들이기 때문에 그들은 기독교 변증에는 관심이 없습니다. 군이 기독교와 관련하여 말한다면 그들은 기독교 변호의 차원보다 오히려 기독교 비판의 차원에서 바울과 그의 텍스트를 사용하고 있습니다. 따라서 철학적 사유가 기독교 친화적이냐의 문제를 넘어서 적어도 서구인들에게 성서는 공적인 고전 텍스트로서의 지위를 갖고 있다는 사실만 기억했으면 합니다. 철학을 비롯하여 학문과 예술을 호교론적으로 너무 쉽게 이용하는 천박한 목적과는 다른 측면이 분명 있습니다. 이런 점에서 기독교인이든 비기독교인이든 본서가 종교적인 차원에서 다뤄지기보다 사회적 층위에서 다뤄지기를 기대합니다.

1장

현대철학의 바울적 계기와 그 의미

현대철학에서 바울을 다루는 주제들

종교개혁자 마르틴 루터는 서구 사회에서 거대한 역사적 변혁을 이루어내는 계기적 역할을 감당했습니다. 그 계기를 통해 기존의 로마 가톨릭교회의 교권으로부터 자유로운 교회들의 탄생이 시작됩니다. 루터는 성서 텍스트 중 주로 사도 바울의 글에 주목했습니다. '오직 믿음', '오직 은총', '오직 성경'이라는 그의 대표적인 구호들이 모두 바울에게서 온 것입니다. 루터는 바울의 확신을 당대의 자기가 처한 상황에 대한 확신으로 대체할 수 있었고 결과적으로 종교개혁을 이루어내는 역사적 인물이 되었던 것입니다. 하지만 루터의 "믿음으로 구원받는다"는 명제는 교회의 특수성을 보호하는 강력한 무기가 되기도 했지만 반대로 기독교의 배타성을 강화하는 도구가 되기도 했습니다.

종교개혁 이후 프로테스탄티즘은 교권으로부터 자유로운 행보를 걸었지만 아이러니하게도 개신교 신학의 체계화 문제와 맞물리면서 정통주의로 회귀하게 됩니다. 이런 회귀점에 바울의 복음 내지 바울 신학에 대한 이해가 자리 잡고 있습니다. 이런 점을 감안해 볼 때 바울에 대한 이해를 어떻게 하느냐에 따라 기독교에 대한 이해와 사회·문화적 변혁에 대한 이해가 상당히 달라진다는 점을 잘 알 수 있습니다.

현대철학자들이 바울을 그들의 철학적 목적을 위해 하나의 사례로 사용할 때 그들은 기존의 바울에 대한 해석을 넘어서는 새로운 통찰을 접목합니다. 신학 분야에서는 이미 바울에 대한 다양한 해석의 역사가 전개되었습니다. 그런데 철학자들이 바울을 매개로 자신들의 학문적 주제를 펼쳐가는 방식은 역사적이고 정치적인 주제와 관련이 깊습니다. 곧 제 1, 2차 세계대전을 거치면서 정치적 바울을 유대교, 가톨릭 기독교, 개신교의 관점에서 각각 어떻게 해석하고 활용할 것인가의 문제가 대두되기 시작합니다. 바울에 대한 이러한 학문적 관심을 현대철학에서의 '바울적 계기'라고 합니다.

1. 급진적 바울과 '정치적인 것'

변혁의 필요와 '정치적인' 바울

역사적 변혁의 좌절과 정치적 실패의 지점에서 '정치적인 것'을 다시 질문하기 위해 바울이 호명되고 있습니다. 이것은 단순히 '종교의 시대가 도래했다'는 식의 종교의 능동적인 귀환을 의미하지 않습니다. 다시 말해 기독교는 철학자들이 바울을 통해 '종교적 귀환'을 시도하고 있다고 평가할 일이 아니라는 말입니다. 인류의 역사를 보면 종교와 정치가 만날 때 역사 속에서 일반적으로 종교는 권력지향성을 갖는 정치적 보수성을 견지해왔습니다. 심지어 종교는 제국주의적 전체성과 폭력성을 비판하기보다 오히려 그것을 대변하는 실상을 보여주곤 했습니다. 로마제국이 문화와 종교에서 관용적인 정책을 펼쳤던 이유는 로마 황제와 로마제국의 포용력과 포괄적 힘을 과시하기 위함이었습니다. 자본의 적절한 활용을 앞세운 근대 제국주의의 식민주의 정책도 따지고 보면 '문명화'라는 명분에 기대고 있는데 이는 로마제국의 '문명'과 '야만'의 구분과 크게 다르지 않았습니다. 유럽의 근대 민주주의가 정착되어가는 과정에서 등장한 파시즘과 나치즘은 민족주의와 인종주의를 기반으로 한 새로운 제국주의이기도 했습니다. 홀로코스트와 탈식민주의 이후 시대에는 더 이상 이전과 같은 방식으로 종교에 대해 사유할 수 없게 되었습니다. 이른바 신이 침묵하는 정도를 넘어 신의 죽음을 공공연하게 선언하게 되었습니다. 이러한 상황에서 보편성과 특수성, 즉 세계와 국가, 국가와 인민, 전체와 부분, 부분과 잔여 등의 정치적 구분에 대한 물음을 다시 사유해야 할 필요가 생겼습니다. 특히 금융자본주의 시대로 대표되는 신자유주의의 보편성이 어떻게 폭력성을 갖는지를 성찰해야만 합니다. 이에 종교도 예외가 아닙니다. 따라서 바울의 철학적 용도는 종교를 통해 이런 현실을 비판하는 신학적 기획이라기보다는, 종교의 보편성과 특수성의 긴장 속에서 퇴색되었던 종교의 급진성을 철학의 언어를 통해 재현하는 정치철학적 기획에 가깝습니다.

바울의 형상에 대한 이해의 차이야말로 정치적인 것에 대한 사유의 차이를 형성합니다. 바울을 보수적인 주체로 이해할 것이냐 아니면 급진적인 주체로 이해할 것이냐에 따라 바울의 정치적 사용이 달라집니다. 유대교의 영향 하에서든 그리스철학의 영향 하에서든 보수적으로 이해된 바울을 급진화하는 작업이야말로 현대철학의 바울에 대한 정치적 사용의 핵심적인 전략입니다.[7] 이 점에서 무엇보다 기독교인들이 바울을 급진적으로 '사용'하기 위해서라도 현대철학의 사유방식을 참조할 필요가 있다고 생각합니다. 앞서 철학의 바울과 신학의 바울은 완전히 일치할 수 없다고 말했습니다. 거기에다 한국의 상황은 서구의 상황과 또 다른 측면이 있습니다. 한국에서는 기독교의 성서가 세속영역에서 학문적으로나 문화적으로 그 일정한 지분을 갖고 있지 않기 때문입니다. 한국의 경우 기독교의 성서는 종교적 영역에서만 특화되는 경향이 강합니다. 그렇기 때문에 철학에서 특정한 종교의 인물인 바울을 언급한다는 것 자체가 어떤 면에서 보면 어색하고 낯선 작업임에 틀림없습니다.

한국에서 현대철학이 주목하는 바울의 급진적 사유를 필요로 하는 곳은 정작 기독교입니다. 한국사회는 이미 서구화된 전형적인 자본주의적 사회이고 기독교 인구 비율이 상대적으로 높은 사회입니다. 게다가 한국의 기독교는 집단이기주의화 되거나 퇴락적

폐색이 짙은 부정과 부패가 만연한 집단이 되었습니다. 기독교의 이러한 부정적인 이미지는 기독교 공동체 내에 국한되지 않고 대사회적으로 노골화되어 있습니다. 이런 현실에서 기독교의 갱신에 대한 요구들이 대내외적으로 높아가지만 이렇다 할 만한 해법은 보이지 않습니다. 어디가 문제인지조차 진단하기 어려울 정도로 심각하게 병들어 있습니다. 오히려 "기독교는 대사회적으로 좋은 영향력을 주기 위해 뭔가 하려고 하지 말라. 차라리 기독교가 가만히 있는 것이 도와주는 것이다. 망하면 더할 나위 없이 좋다"는 성토의 말이 쏟아집니다. 이런 상황에서 한국 기독교는 근본적으로 다른 접근을 해야 하는 시대가 아닌가 생각합니다. 기독교는 '진리'를 설파하고 가르치려 들기 이전에 동시대적인 물음과 역할에 대해 더 진지하게 고민하고 배워야 합니다. 대내외적으로 동시대성에 대한 감각을 체화하는 과정을 각고의 노력을 통해 습득해야 합니다. 여러 측면에서 동시대적 감각을 살려내는 시도가 가능하겠지만 무엇보다 사유방식의 전환이 필요한 시점이 아닌가 생각합니다. 이러한 전환적이고 변혁적인 문제의식을 체화해가는 데 현대 철학자들의 바울 사용이 어느 정도 도움을 줄 것입니다.

기독교 믿음의 급진성

기독교의 믿음은 기본적으로 변혁적 몸짓입니다. 중세시기에 종교적 권위의식과 현실 특히 권력화된 위계질서를 강화하는 종교적 권력자들에 대해 여러 신비주의자들, 경건주의자들, 학자들이 저항했습니다. 그들은 불평등한 위계화를 고착화하는 것이 기독교 신앙과 정면으로 배치된다고 생각했습니다. 당시의 주류적 사유방식에 대해 사상의 새로운 패러다임과 삶의 형식을 통해 적극적으로 저항했습니다. 개신교의 종교개혁 정신은 기본적으로 신 이외의 모든 권위를 부정하는 것이었습니다. 다시 말하면 신 앞에서는 모두 평등하다는 의식의 운동적 출현이었습니다. 마르틴 루터의 저항은 가톨릭 내부자의 내적 고발에 다름없었습니다. 이 점에서 루터야말로 유대인 바울의 변혁가로서의 면모를 잘 보여준다고 할 수 있겠습니다. '오직 믿음'과 '오직 은총'에 대한 루터의 강조는 신 앞에서 모두가 평등하다는 보편적인 평등에 대한 갈망의 발로였다고 하겠습니다. 그럼에도 루터의 급진성은 토머스 뮌처의 급진적 변혁에 대해서는 수동적인 편이었다는 사실을 우리는 잘 알고 있습니다. 이런 점에서 급진적으로 보였던 루터조차 다른 급진성에서 보면 변혁의 대상이었습니다. 루터는 가톨릭에 대해 바울의 변혁적 주체로서의 역할을 감당하지만, 뮌처는 루터에 대해 또 다른 변혁적 주체로서의 역할을 수행합니다. 이것이 바로 종교개혁의 급진성입니다.

인간의 역사와 사회는 변혁과 혁명의 역사이지만 혁명 이후 빠르게 법제화되고 제도화되는 전철을 밟아갑니다. 이런 법제화 과정에서 인간의 삶은 법의 폭력에 고스란히 노출되고 개인과 공동체의 특이점들은 점차적으로 교정되거나 제거됩니다. 바울의 믿음은 이러한 법형식화 되는 삶의 방식에 대한 지속적으로 생동하는 저항의지이자 전복적 행위라고 할 수 있습니다. 그의 믿음은 은총이라는 선물을 통해 허락되는 보편적인 자유를 전제로 하면서도 동시에 공동체적인 상황과 조건 내에서 평등을 구현하는 그런 믿음이었습니다. 바울의 믿음은 바로 이러한 보편적인 평등의 은총에 대한 신뢰를 기본으로 하여 전체주의적이고 폭력적인 힘들에 저항하는 면모를 갖추고 있습니다. 이처럼 바울은 율법과 은총 그리고 믿음의 관계에 대해 새로운 진리를 도출한 개혁자였던 것입니다.[8] 바울이 던져주는 사유의 내용들을 정치철학적으로 재전유할 때 그것은 신학적 용법과 차이가 있지만, 어떤 의미에서 보면 바로 이러한 사용이 역설적으로 신학의 변혁적 사유의 성격과 그 가능성을 제대로 가늠하도록 도울 수 있습니다.

바울의 역사적인 측면을 강조하는 성서신학의 관점에서 보면 현대철학에서의 논의들이 때로 지나치게 연역적이거나 사변적으로 느껴질지도 모릅니다. 철학자가 자신의 철학적 논점에 따라 바울의 사유의 한 측면을 사용하기에 때로는 환원적이지 않느냐는 의문도 생길 수 있습니다. 어떤 점에서 볼 때 성서학적 맥락보다 바울의 다수적 면모를 노출시키는 데 오히려 철학적 해석은 한계가 있어 보이기도 합니다. 이는 무엇보다 철학자들이 상대적으로 현대의 신학적 연구 성과들에 취약한 편이기 때문에 나타나는 현상일 것입니다. 따라서 신학자들이 볼 때 철학자들이 바울의 최신 연구 성과들을 충분히 고려하지 않았다는 인상도 받을 수 있습니다. 하지만 앞에서도 잠시 언급했듯이 철학과 신학의 논증 방식과 관심사가 다르다는 점을 일단 인정할 필요가 있겠습니다. 그리고 철학자에 따라 상대적으로 현대의 신학 텍스트 연구에 익숙한 인물들이 있는가 하면 그것 자체에 아예 무관심한 사람도 있습니다. 어쨌든 이들이 성서와 신학에 관심을 갖는 이유는 신앙적 또는 신학적 목적 때문이 아니라 철학적 '사용' 내지 동시대적인 이슈 및 담론 관련성 때문이라는 점을 감안하고 그들의 텍스트에 접근해야 할 것입니다. 그래야만 현대사상에서 바울의 철학적 계기의 의미를 공정하게 평가할 수 있습니다. 무엇보다 기독교가 철학의 동시대적 사유의 문제의식을 참조할 수 있으려면 그들의 문제제기 방식을 그 절차에 따라 충분히 탐색하고 숙고하는 작업이 있어야 합니다.

바울의 메시아주의에 대한 이해는 철학에서 정치신학과 관련이 있습니다. 바울의 메시아주의 및 그의 독특한 종말론에 대한 다양한 관심은 유대인 철학자 야콥 타우베스와 독일의 법철학자 칼 슈미트의 기여가 큽니다. 야콥 타우베스는 『바울의 정치신학』[9]에서 유대인 바울의 메시아주의를 본격적으로 해부합니다. 타우베스의 책은 『정치신학』[10]에서 칼 슈미트가 옹호하는 예외상태로서의 주권 권력에 대한 유대주의적인 대항적 담론을 펼치고 있습니다. 이들의 글에서 당연히 바울의 메시아적 시간뿐만 아니라 천년왕국과 적그리스도에 대한 이해도 중요합니다. 특히 유럽의 상황에서 볼 때 이러한 주제들은 제1차 세계대전의 발발과 나치즘 및 파시즘의 출현 등 전체주의와 민주주의의 관계에 대한 논의도 일정한 좌표를 차지하고 있습니다. 보다 현대로 오면 신자유주의적인 세계화 시대에서 새로운 민족주의의 발흥이나 테러리즘의 발발 등의 시대적 조건을 돌파할 대안적 사유와 논의가 필요합니다. 우리는 절망적인 역사의 반복 가운데서 구원(구제)의 희망을 어떻게 논할 수 있을지 묻지 않을 수 없는 시대에 살아가고 있습니다. 바울의 다양한 정황 및 이와 관련한 논의들이 이런 정치적 사유의 매듭을 풀어가는 데 대안적인 개념과 사유를 개방할 수 있을지 우리는 물어보고자 합니다.

2. 바울과 현대철학의 주제

신학은 정치학이다

바울적 계기에서 다룰 수 있는 여러 주제가 있겠지만 최근 현대철학자들의 논의에서 등장하는 주제는 대체로 '정치적인 것'과 관련이 있습니다. 그런 점에서 먼저 "신학은 바로 정치학이다"(정확히는 '경영적 정치학')라는 테제에 주목할 필요가 있습니다. 이는 바울의 '교리'는 정치적인 것을 표상한다는 주장인데, 조르조 아감벤은 자신의 책 『왕국과 영광』[11]에서 이런 관점을 제시하고 있습니다. 이런 주장은 칼 슈미트가 말한 "정치는 신학적이다"("근대 국가 이론의 주요 개념은 모두 세속화된 신학적 개념들이다."[12])는 말을 뒤집어서 표현한 것이기도 합니다. 칼 슈미트가 근대 주권 개념이 신학적인 것으로 표현될 수 있다는 제안을 할 때 말하려고 했던 바는 정치는 신학이 세속화된 표현에 지나지 않는다는 주장이었습니다. 아감벤은 아예 신학이 정치학이라고 주장하면서 신학 자체의 계보를 분석해봐도 정치적인 형상들의 계보 분석이 가능하다고 말합니다. 신학이 정치학을 이용한다기보다 애초에 신학은 성치학이었고, 정치적인 것에 대한 새로운 사유의 가능성을 신학의 내적 분석을 통해 개방해볼 수 있다는 것입니다. 다시 말해서 신학을 일종의 정치학으로 보고 연구해도 신학의 본질을 잘 규명할 수 있다는 주장입니다.[13]

아감벤이 이 책에서 대표적으로 주목하는 주제가 바로 삼위일체 교리입니다. 삼위일체라는 말 자체는 성서에서 발견되지 않지만 기독교의 핵심적 교리 중 하나입니다. 어쩌면 기독교 교리의 근간이 되는 교리라고 할 수 있을 텐데 교리가 정치적인 것을 표상한다는 것은 무엇을 의미하는 걸까요? 교부신학자들은 삼위일체 교리를 바울처럼 성육신 교리와 연결하여 예수가 구약성서가 예언한 바로 그 메시아(그리스도)라고 주장합니다. 그런데 성자가 육신을 가진 인간이면서 동시에 하나님이라는 주장은 이성적으로 이해하기 쉽지 않은 이론입니다. 삼위일체의 제2위격인 성자는 신이자 동시에 사람이라는 주장이 기독교 교리사에서 정통교리로 자리잡게 된 것 자체가 일종의 권력(또는 힘)에 대한 사유, 즉 정치적인 것과 관련이 있었던 것입니다. 초월적인 신이 창조신이면서 동시에 섭리적인 신이 되기 위해서는 이 두 관계를 연결하는 제2위격의 지위에 대한 사유가 상당히 중요합니다. 이른바 성자는 초월적 신의 통치를 세계 창조와 연결하고 또한 세계 내재적 통치를 적용하는 대리 통치자의 역할을 수행하는 셈입니다. 곧 중개자 또는 매개자의 통치논리가 필요했던 것입니다. 이처럼 삼위일체 신학은 세계를 통치하고 관리하는 하나의 총체적인 정치이론이라는 주장입니다.

삼위일체 신학은 하나님 나라 신학의 근간을 이루고 있다고 할 수 있는데 하나님이 직접 이 세상에 나타나지 않으면서도 하나님의 섭리적 통치가 실현될 수 있도록 하는 정치학이라고 할 수 있습니다. 그런데 이 정치학은 권력을 내재화하는 문제와 관계가 있기 때문에 하나님의 경제(The Economy of God, 경륜)라고 표현할 수 있다는 것입니다. 다시 말하자면 섭리적 정치는 외적인 통치방식인 권력을 자발적으로 내재화하는 통치질서와 같은 것입니다. 섭리적 정치는 관리가 적절하게 잘 되도록 하는 경영적 정치인 셈입니다. 이것은 칼 슈미트가 주권 개념을 설명하면서 돌출한(예외적) 권력 개념을 제시하는 정치신학과 내용은 다르지만 접근 형식은 유사합니다. 정치신학은 예외상태를 통한 외재적 통치방식인 것에 비해 경제(륜)신학은 '영광'이라는 환호를 통해 권력을 내재화 하는 통치방식입니다. 신의 존재양식을 설명하는 삼위일체 신학은 이처럼 신의 통치방식인 하나님 나라 신학의 내적 이면입니다.

바울적 주체와 공동체

다음으로, 바울의 보편주의와 주체 문제를 고려해볼 수 있습니다. 이를 우리는 '바울적 주체'라고 명명해볼 수 있겠습니다. 신학에서 바울적 주체는 '그리스도교적 주체'라고 표현할 수 있습니다. 바울은 '그리스도 안에서'라는 말을 자주 사용하는데 이는 '하나님 나라의 시민'으로서의 정체성을 강조하는 것입니다. 그런데 그의 하나님 나라 정체성이란 특이합니다. 보통 이를 가리켜 '세상 속에 있지만 세상에 속하지는 않은' 자의 정체성이라고 말하기도 하고, '이미'와 '아직'의 메시아적 정체성이라고도 말하기도 합니다. 말하자면 바울적 주체의 정체성은 현재에서 확정적이지 않고 미래와 함께 현재에서 새롭게 개방되어 있는 주체입니다. 주체의 정체성은 공동체와의 관계 문제인 것이 분명합니다. 서구 사회에서 대표적인 공동체는 국가와 교회였는데, 국가와 교회라는 공동체 사이의 관계에 대한 물음이 어쩌면 하나님 나라의 정체성에 대한 사유에서 핵심적인 내용이라고 해도 지나치지 않습니다. 이 두 관계를 어떻게 규정하느냐에 따라 국가의 권위의 문제에 대한 평가가 전혀 달라지기 때문입니다. 국가의 권위의 정당성을 본질적이라고 보는 시각도 있지만, 국가의 권력은 구성적이자 폭력적이라고 보는 견해도 있는데, 이 두 견해 모두 바울의 신학에서 도출 가능합니다.

예를 들어 양심적 병역거부를 생각해봅시다. 현재 우리나라의 경우 국가의 징병을 거부하면 범법자가 됩니다. 그것이 종교적인 이유에서나 양심적인 판단에서 행한 것이라도 그렇습니다. 민주주의 국가는 개인의 양심의 자유와 종교의 자유를 존중하지만 대한민국처럼 의무복무를 규정하는 나라에서는 적어도 징병과 관련해서는 개인의 자유를 제한할 수밖에 없다는 논리가 가능합니다. 물론 최근에 대한민국도 종교적인 이유로 입영을 거부한 사람들에게 법원에서 무죄 판결을 내리고 있다는 점은 긍정적인 현상이이지만 말입니다. 전쟁준비를 위한 집총 거부와 군사문화에 대한 저항 자체는 이미 군대를 정당화하는 국가의 권력을 인정하지 않는 주체가 가능하다는 사실을 적극적으로 주장하는 정치적인 태도라고 봐야 합니다. 성소수자의 정체성 문제도 마찬가지입니다. 남녀의 이분법적인 구분을 거부하고 그것을 넘어서는 정체성 논의가 가능하다고 주장함으로써 기존의 관습적인 공동체 이념에 저항하겠다는 주체적이고 정치적인 태도를 드러낼 수 있습니다. 여기서 우리는 주류적인 공동체 형식과 담론을 어떻게 받아들일 것인가 하는 문제가 곧 주체의 지위 문제와 연관이 있다는 사실을 알게 됩니다. 문화적 정체성을 본질적인 정체성으로 규정하는 것이 과연 정당한가 하는 질문 자체가 이미 정치적인 사안이기 때문입니다.

정체성은 본질적인 것인가 아니면 만들어지는 것인가 하는 물음은 보편적인 것과 특수한 것 사이의 존재 형식에 대한 복잡한 존재론적 물음을 정치적으로 되묻는 질문입니다. 개별자가 우선하는가 아니면 보편자가 우선하는가 하는 물음도 단지 존재론적 물음이 아니라 공동체나 집단을 우선시할 것인가 아니면 개인을 중요하게 여길 것인가 하는 현실적이고 정치적인 물음인 것입니다. 집단주의, 전체주의, 총체성 등의 동일성을 강요하는 공동체 안에서는 개인이 매우 폭력적으로 다뤄지는 현상이 나타납니다. 반면 개인의 자유를 강조하게 되면 자칫 보편적 평등이 훼손될 수도 있습니다.

이러한 이유로 개인의 자유를 폭력적으로 통제하지만 않는다면, 우리는 대체로 보편적인 평등을 권장할수록 정의롭다고 생각하는 경향이 있습니다. 그럼에도 어떤 때는 개인의 특수한 상황과 조건을 존중해주는 결정이 정의로울 때도 있습니다. 이렇게 보면 보편적인 것과 특수한 것 중 어느 한쪽만을 일관되게 강조한다고 탁월한 선택을 했다고 말할 수는 없겠습니다. 특수한 조건과 상황을 따져보면서 정치적인 것에 대해 묻는 물음은 보편과 특수의 긴장 관계에서 이미 발생하고 있다고 말해야 할 것입니다. 우리가 앞으로 살펴보겠지만 알랭 바디우는 바울에게서 보편적인 것 앞에서 평등한 주체를 강조하는 반면, 조르조 아감벤은 상대적으로 분할적 주체가 갖는 특이성 즉 잔여적 주체를 강조합니다.

이런 보편성과 주체의 문제를 바울은 제국의 시민 정체성 및 디아스포라 정체성과 연결하여 사유했다고 볼 수 있습니다. 하나님 나라 시민이라는 정체성이 바로 지역이나 시대와 관계없이 보편적 가치를 추구하는 성격이 강합니다. 하나님 나라의 시민권은 여자나 어린아이나 유대인이나 이방인이나 관계없이 하나님의 은총에 의해 주어집니다. 어떻게 보면 바울이 말하는 하나님 나라의 보편성은 로마제국의 보편주의까지도 뛰어넘는 듯 보이기 때문입니다. 어떤 '주의'와 '이념'과 '정체'도 넘어서는 기획이 바울의 보편주의의 급진성이라고 주장해볼 만합니다. 그렇지만 바울의 보편주의는 잔여적 주체들에 대한 존중에서 비롯되는 것임을 잊지 말아야 합니다. 다시 말하면 보편적 평등의 관계를 강조한다는 것 자체는 현실의 위계적 관계를 문제삼는 것입니다. 이와 같이 보편적인 것과 특수한 것 사이의 긴장관계를 통해 바울적 주체의 성격에 대해 생각해볼 수 있습니다.

법과 정의

바울에게서 도출할 수 있는 또 다른 중요한 주제는 '법과 정의'의 관계입니다. 이는 바울신학에서 전통적으로 율법과 칭의라는 이름으로 중요하게 다뤄졌던 주제이기도 합니다. 바울은 「갈라디아서」에서는 율법에 대해 강한 부정을 표현합니다만 「로마서」에서는 율법의 양가성을 세밀하게 다루고 있습니다. 여기서 "율법을 폐하고 율법을 완성한다"는 역설적인 논리가 등장합니다. 바울은 율법을 완전히 없애버리는 데 관심이 있는 것이 아니라 율법의 가능성을 다른 차원에서 적용하는 데 관심이 있는 듯합니다. 어쨌든 이 명제는 법을 문제삼지 않고는 정의에 대해 논할 수 없다는 주장임에 분명합니다. 율법은 죽음을 가져왔기에 죽음의 법이지만 성령은 살리는 역할을 하기에 생명의 법을 줍니다. 첫 번째 아담은 '살아 있는 영'이지만 두 번째 아담 예수는 '살리는 영'입니다. 유대인들을 위한 모세의 법 대신에 만인을 위한 성령의 법이 주어진 것입니다. 그렇지만 기존의 법이 완전히 제거되지는 않습니다. 오히려 기존의 법은 새로운 법에 의해 탈구축적으로 구성되고 새로운 역할을 부여받습니다. 이른바 법의 가장 기본적인 역할은 법 자체가 이미 '폭력'을 내재하고 있다고 증언하는 것입니다.

이처럼 법을 어떻게 평가할 것이냐는 결국 폭력의 한계를 어디까지 물을 것이냐는 문제이기도 합니다. 디아스포라 유대인으로서 바울의 율법에 대한 태도만 봐도 이 점은 확연해집니다. 정통 유대파는 토라를 문자적으로 이행해야 한다고 강제하지만, 디아스포라의 상황과 조건에서 율법의 완전한 실천은 그렇게 쉬운 일이 아닙니다. 삶의 조건과 사회적 상황이 많이 다르다 보니 다양한 변수가 작용하기 때문입니다. 그래서 지나친 문자주의적 접근보다 의미론적 접근을 더 선호하게 되는 현상이 나타납니다. 삶을 풍요롭게 하는 것은 율법의 문자적 실천이 아니라 그 정신을 반영하는 것이라는 생각이 자라게 되는 것입니다. 곧 법이 삶을 자유롭게 할 것이라는 생각에 의문을 갖고 법을 다른 차원에서 접근하는 사유가 생겨납니다.

푸코는 통치성에 대해 말하면서 사목권력을 언급한 적이 있습니다. 그의 용어로는 '목동의 역설'이라고 합니다. 목동은 양을 보호하는 사람이지만 양을 보호한다는 명분으로 양을 울타리 속에 가두거나 항상 감시하면서 자유로운 복종을 강제합니다. 목양권력이 이런 목동의 권력과 유사합니다. 신자는 고해성사와 신앙상담 등을 통해 자신의 내면을 목양권력에게 저당 잡힙니다. 자신의 권한을 사제와 목사에게 자발적으로 위탁하는 것입니다. 푸코는 이를 "통치성의 주체화"라고 표현하기도 합니다. 통치를 자발적이고 순종적으로 내면화하는 과정이라는 말입니다.[14] 그런데 종교적 관습뿐만 아니라 법 또한 이런 특징을 갖고 있습니다. 법은 인민을 위한 것으로 보이지만 사실은 인민을 통제하고 규제합니다. 한 국가의 국민은 자발적으로 준법정신을 발휘하여 시민성을 획득합니다. 시민이 된다는 것은 법치에 자발적으로 순응한다는 뜻이기도 합니다. 법은 자발적인 순종의 형식으로 개인에게 법의 폭력성을 내재하도록 강제합니다.

 법을 내재화 하는 과정을 벗어나려는 투쟁이 정의와 관련이 있습니다. 관습적으로 주어진 규범을 넘어서 신적 정의에서 개별적 존재자의 특이적 지위를 회복하려는 몸부림이야말로 정의에 대한 믿음을 가능하게 할 것이기 때문입니다. 바울에게는 신적 정의(하나님의 의)를 구현하는 그리스도의 충실함(faithfulness) 때문에 정의가 실현됩니다. 법적인 역할 이전 또는 법 너머에 신적 정의가 있다는 것이 바울의 견해입니다. 발터 벤야민에게 법의 폭력성에 대한 비판(「폭력비판을 위하여」)이 등장하고, 이를 탈구축적으로 사유하는 자크 데리다의 『법의 힘』에서 법보다 우위에 있는 정의에 대한 물음이 깊이 다뤄집니다. 이처럼 법과 정의의 차이 문제를 다루는 주제는 법과 법치주의 국가라는 근본 개념을 해체적으로 사유함으로써 민주주의의 가능성을 다른 차원에서 사유하는 길을 엽니다. 이렇게 법과 정의를 어긋나게 함으로써 국가와 법의 동일성 구조 안에서 포착되지 않았던 이질적인 존재자(타자적인 것)를 구제할 수 있게 되는 것입니다.

 예컨대 난민 사례를 생각해봅시다. 난민이 법적인 절차를 제대로 밟지 못하면 난민에 대한 인도주의는 명분에 지나지 않게 됩니다. 법으로 보호를 받지 못하면 제대로 된 보호가 이루어지지 않기 때문입니다. 그런데 난민의 지위 문제는 기존의 현행법 즉 국내법으로는 해결되지 않는 부분이 많습니다. 합법적인 절차를 밟아 그들에게 난민의 지위를 인정하는 것이 현실적으로 중요한 사안이긴 하지만, 국내에 들어온 난민들이 자기 나라의 국적을 그대로 유지하면서 특정한 나라에서 살고자 할 때 또 다른 법적인 문제가 발생합니다. 동일성을 강제하는 국가의 형식에서 국민이 아닌 이방인과 같은 이질적인 존재자는 끊임없이 국민과 시민의 정체성을 확정하든 배제당하든 정체성의 압박을 피할 수 없는 것이 우리의 현실입니다. 난민 같은 잔여적 주체가 국가 중심의 법치주의가 갖고 있는 역설을 고발하는 셈입니다. 난민은 한 국가의 정체성에 제한당하지 않은 우발적 존재자입니다. 언제 어디서 이와 같은 난민들이 나타날지 모릅니다. 자크 데리다는 장래에서 도래하는 자(도착자)를 예상하면서 살아가는 삶의 형식을 언급하면서 그 대표적인 형상으로 난민을 예시합니다. 이질적인 존재자는 언제 어디서든 출현한다는 점에서 일정한 영토에서 살아가는 국민/시민의 자리와 이미 중첩되어 있습니다. 바울이 자신의 복음은 장차 올 자들을 위한 것이라고 말할 때 이러한 주제를 다루고 있는 것이 아닐까 생각됩니다. 그는 아직 발생하지 않을 일은 현재에서 이미 일어나고 있다고 말했습니다. 이것이 타자적인 것이 일정한 공동체에 이미 내재되어 있을 뿐만 아니라 이질적인 것이 없는 순수 주체는 불가능하다는 점을 보여줍니다.

메시아적인 것

바울의 계기 가운데 중요한 주제 중 하나가 메시아주의와 '종말론'입니다. 메시아주의와 종말론은 역사 이해와도 관련이 있습니다. 역사는 유토피아를 향해 진보하는가, 절망의 현실에서 희망을 논할 수 있는가, 고통받는 자들의 현실은 언제 어떻게 구제가 되는가 등의 물음들이 바로 그것입니다. 모두가 유토피아를 바라지만 역사는 디스토피아적인 현실만을 양산했다고 볼 수도 있습니다. 그런 점에서 지금 현실의 시간은 어떤 역사관을 채택하느냐에 따라 다르게 해석될 수 있습니다. 바울의 '메시아적 시간'은 이런 '지금의 시간' 또는 현재성을 어떻게 구제할 수 있는가 하는 주제와 관련이 있습니다. 메시아적 시간은 현재에 들어온 사건의 시간으로서 현실에서 해방의 계기를 여는 시간입니다. 그렇지만 메시아적 시간에 대한 기독교와 유대교의 이해가 다릅니다. 기독교는 종말론적인 해결책(또는 최종적 방식의 해결책)을 선호하는 듯 보이고, 유대교는 안식일처럼 현재의 시간 구조에 시간적 차이를 만들어내는 해결책을 선호합니다.

어쨌든 메시아주의는 역사와 현실에서 어떤 정치적 구제를 요청합니다. 이것을 '메시아적인 것'이라고 명명할 수 있습니다. 말하자면 메시아의 구원의 해방성 및 메시아적 시간의 현재성과 관계가 있는 '정치적인 것'에 관한 주제가 바로 '메시아적 것'에 대한 물음입니다. 이 주제는 민주주의적인 것(인민적인 것)의 물음과도 연계가 되어 있습니다. 역사 속에서 어떤 형태로든 전체주의와 민주주의 사이에는 일정한 긴장관계가 존재하기 때문입니다. 이런 긴장 속에서 상대적으로 민주주의적인 것은 폐기되거나 유보되어왔던 것이 사실입니다. 인민이 처한 절망적인 현실은 미래의 희망이라는 이름으로 항상 유예되었습니다. 희망을 갖고 살아가도록 강제되지만 현실은 절망적입니다. 여기에 허무주의적 역사관이나 세계관이 들어옵니다. 그래서 미래의 최종적인 희망만 바라보면서 현재를 미래적 목적의 실현을 위한 수단적 시간으로 이해하지 않으려는 몸부림이 필요합니다.

이러한 절망적 조건과 현실 가운데 제출되는 역사철학적 시간 이해가 '메시아적인 것'과 관련이 있습니다. 말하자면 '메시아적인 것'은 미래의 수단이 되지 않는 현실의 희망은 어떻게 가능한지에 대한 정치적인 물음입니다. 데리다의 '약한 메시아주의'라든지 벤야민의 '니힐리즘적 메시아주의' 등이 바로 메시아적인 것에 대한 물음입니다. 즉 이 질문은 절망적 상황과 조건 속에서 해방을 어떻게 사유할 것인가 하는 정치적인 것에 대한 물음에 다름없습니다. 해방을 위한 해결책이 폭력적일 수도 있다는 문제의식, 대안을 제시한다는 것 자체가 강제성이 될 수도 있다는 점에 민감해지는 것입니다. 이런 민감성을 갖고 희망을 현재로 가져오는 사유와 실천의 가능성을 논하는 방법이 '메시아적인 것'과 모두 관련이 있는 문제의식입니다. 또한 유일한 메시아(메시아주의)의 이름으로 폭력을 정당화하는 모든 논리를 문제삼는 작업 그 자체도 메시아적인 것을 정치적인 것으로 작동시키는 해방적 계기가 됩니다.

무신론적 유물론과 신학

유물론적 신학이 가능한가 하는 물음도 바울적 계기와 연관이 있습니다. 사도 바울은 그리스도의 신체성에 대한 다양한 논의를 펼치고 있는데 이는 무신론적 유물론자들의 시선에서 볼 때 흥미로운 지점입니다. 기독교 신학을 유물론을 정당화하기 위해 사용한다는 것이 가능할까 궁금해할 수도 있지만 슬라보예 지젝의 논지를 들어보면 상당히 그럴 듯합니다. 지젝은 자신의 책『죽은 신을 위하여』에서 바울의 십자가와 성육신에 관심을 갖고 이 주제를 풀어갑니다.[15] 기독교에서 그리스도의 신체성에 관한 주제는 매우 중요한 지점을 차지합니다. 예수의 십자가야말로 바로 이 신체성의 문제가 복잡하게 얽혀 있는 대표적인 형상입니다. 기독교에서 케노시스(kenosis, 신의 자기 포기)를 보통 성육신 또는 육화(incarnation)라고 하는데, 신이 신성을 비워내어(또는 포기하여) 인간의 몸을 입었다는 의미입니다. 신이 세계와 구분되면서도 창조세계에 섭리적으로 개입하려면 신과 세계의 중간항이 필요한데 이 난제를 해결하기 위한 교리가 제2위격인 성자 모델입니다. 성자 모델은 신과 인간 세계를 일정한 긴장 관계를 해소하지 않고 오히려 그대로 유지하는 방식입니다. 지젝은 육화의 측면에 주목하면서 신학에서 유물론의 근원을 찾으려고 합니다. 벤야민이 그의 역사철학 테제를 진술하고 있는 「역사 개념에 대하여」에서 신학과 유물론의 공생관계에 대한 테제(테제1)를 제시했는데, 지젝은 이를 뒤집어서 그 공생 관계를 다시 제기하고 있습니다. 앞으로 더 자세하게 다루겠지만 벤야민과 지젝은 신학과 유물론의 상보성을 논하고 있습니다. 지젝은 유물론이 신학(또는 종교)의 현실 적응력을 적극 활용할 필요가 있다고 말합니다.

무신론적인 유물론의 입장에서 신학의 활용이 얼마나 성공적인지 여부를 떠나서 철학자들이 왜 신학에 관심을 갖게 되었느냐가 중요합니다. 지젝은 종교만큼 시대에 적응하여 잘 생존한 그룹도 드물다고 말합니다. 종교가 시대의 사조나 시대적 조건에 대한 최선의 적응력을 갖고 있다는 것입니다. 그렇게 생각해보면 종교는 어떤 의미에서는 자신들의 정통교리를 훼손하지 않는 선에서 시대와 사회 그리고 문화와 조화를 이루며 그 생존력을 연장해왔다고 하겠습니다. 기독교도 생각보다 이질적인 것을 많이 받아들이면서 긍정적이든 부정적이든 그것들을 기독교 내적으로 체화하거나 응용력을 발휘해왔다고 볼 수 있습니다. 기독교의 순수한 전통이 과연 가능한가도 물어봐야 할 문제지만 그것은 이 책의 범위를 넘어서는 문제이므로 논의를 생략합니다. 오히려 지금의 기독교는 점점 사회적 적응력을 잃어버리고 동시대의 담론에 참여하지 못하고 있는 것이 현실입니다. 이렇듯 신학의 활용범위를 어디까지 볼 것이냐 하는 질문 자체가 이미 종교성과 세속성 간의 상호연관성이 전제가 되어 있는 물음입니다. 사실 어쩌면 유물론은 인류 역사에서 가장 현실적인 이론이자 사유방식일지도 모릅니다. 기독교가 무신론과 유물론 관련 담론들을 어떻게 다룰 것인지 고민하지 않을 수 없는 이유입니다. 기독교는 이제 더 이상 무신론적 기독교의 문제, 기독교와 유물론의 문제를 회피할 수 없습니다.

더 읽을 만한 책

사이먼 크리츨리, 『믿음 없는 믿음의 정치』, 문순표 옮김, 이후, 2015.

도미니크 핀켈데, 『바울의 정치적 종말론』, 오진석 옮김, 도서출판b, 2015.

마커스 보그, 존 도미니크 크로산, 『첫 번째 바울의 복음: 급진적 바울이 어떻게 보수 신앙의 우상으로 둔갑했는가?』, 김준우 옮김, 한국기독교연구소, 2010.

톰 라이트, 『바울과 하나님의 신실하심』(상/하), 박문재 옮김, CH북스, 2015.

김진호, 『리부팅 바울』, 삼인, 2013.

테리 이글턴, 『신을 옹호하다』, 강주헌 옮김, 모멘토, 2010.

2장

종교 비판과 종교 현상 사이

니체와 하이데거의 바울 텍스트 이해

니체를 보통 탈근대의 선구자라고 말하는데 니체의 이런 지위를 형이상학적으로 조명한 사람이 바로 하이데거입니다. 니체는 '신은 죽었다'고 선언함으로써 전통적인 형이상학과 근대철학의 동일성을 비판하는 방식으로 새로운 철학을 시도합니다. 하이데거도 니체 못지않게 기존의 형이상학과 근대의 주체철학을 모두 비판했습니다. 하이데거에 의하면 니체의 사상도 신을 부정하는 형식을 취하기는 하지만 역설적으로 전통적인 존재론을 벗어나지 못하고 '존재-신-론'(Onto-theo-logie)의 형식에 머물렀다고 비판합니다. 하이데거는 신의 존재나 권위자로서의 창조자에 대해서 무관심했고, 존재자들의 존재론적 근거를 신이나 형이상학적 토대에서 찾을 수 없다고 생각했습니다. 신은 하나의 최상의 존재자일 수는 있으나 궁극적인 존재의 근거가 될 수 없다고 보았던 것입니다.

니체가 신 대신 인간에게서 존재의 근거를 찾으려고 했다면 하이데거는 인간이 세계 내에서 세계와 관계하는 방식 또는 그 연관에서 존재의 근거를 찾으려고 했습니다. 이 장에서는 니체와 하이데거 두 사람이 자신의 철학적 작업을 위해 바울을 어떻게 활용하는지를 살펴보려고 합니다. 니체는 기독교 비판의 대표적인 대상으로 바울과 그의 사상을 지정하고 있으며, 그에 반해 하이데거는 바울을 자신의 현상학을 위해 긍정적으로 활용하고 있습니다. 니체는 바울이 제도적 기독교를 강화하기 위해 예수를 어떻게 왜곡했는지를 잘 보여줍니다. 반면 하이데거는 기독교적 종교적 삶의 현상학에 대한 진술을 전개합니다.

1. 니체의 기독교 비판과 메시아주의 패러디

'힘에의 의지'와 기독교의 원한감정

니체는 신을 최고의 존재로 두거나 인간 이성을 최고의 가치로 설정하는 기존 서구의 신학과 철학에 반대합니다. 그는 전통적인 신학과 철학의 전제들에 대해 무가치화 선언을 함으로써 새로운 가치를 창출하는 사유방식을 창안하려고 했습니다. 이러한 기획은 니체가 기독교를 바라보는 시각에서 잘 읽힙니다. 니체는 현실 기독교의 제도적 형식을 비판하는 데 머물지 않고 기독교 전체의 사유방식을 비판합니다. 기독교는 십자가의 신학과 심판, 즉 죽음을 고안함으로써 이 세상에서 진정한 쾌락을 제거하려고 했다는 것입니다. 이처럼 니체에게 있어 바울과 그의 사유방식에 대한 비판은 기독교 비판의 핵심 내용입니다.

니체가 죽기 10년 전에 쓴 자신의 마지막 저서인『안티크리스트』[16]는 기독교 비판을 중심으로 저술된 책입니다. 이 책에는 헤겔, 쇼펜하우어, 사회주의와 무정부주의에 대한 비판도 포함되어 있지만 대부분의 글이 기독교 비판과의 연관성 속에서 다뤄집니다. 이 책의 서두에서 니체는 계몽주의적 진보와는 다른 차원에서 '보다 높은 인간 전형'으로서의 인류 전체에 대해 일종의 초인(위버멘쉬) 같은 존재가 역사 속에서 출현한다고 진술합니다. 그 전에도 이런 강한 인간이 우연적으로 존재하기는 했지만 그럼에도 계획적으로 이런 전형을 실현하려고 하지는 않았는데 그 이유는 이러한 전형에 대한 사람들의 공포심 때문입니다. 게다가 그런 전형들조차도 역사 속에서 두려움의 대상이 되어 인류는 공포의 심리에 사로잡혀 '길들여진' 존재로 전락하고 맙니다. 그래서 인류의 전반적인 역사에서는 항상 정반대의 인간 전형이 육성되어왔다는 것입니다. 니체가 보기에 이러한 공포에 의해 육성되고 그런 육성을 적극적으로 조장하는 대표적인 그룹이 기독교입니다. 니체는 초인이라는 새로운 인간상을 제시하기 위해 기독교의 세계관을 근본적으로 비판하고 있습니다.[17]

니체가 기독교를 반드시 극복되어야 할 부정적 전형으로 본 이유는, 기독교가 약함의 미덕을 숭상하고 현세에 대해 허무주의적 가치를 지향했다는 점 때문입니다. 그가 생각하는 바울의 기독교는 "약하고 비천하고 실패한 자들"을 편들고 "강한 삶의 자기 보존 본능과 대립되는 것"을 항상 이상으로 삼아온 공동체입니다.[18] 니체는 삶 자체야말로 생장하고 보존하려는 본능을 지니고 있으며 '힘의 축적'과 '힘을 향한 본능'(힘에의 의지)이라고 보았습니다. 이러한 가치에 비하면 기독교는 힘에의 의지가 결여되어 있기 때문에 필연적으로 쇠퇴할 수밖에 없다고 생각했습니다.[19] 그에게 기독교는 삶에 대한 부정적 가치를 신봉하고 부정의 철학을 권장하는 선두 주자였던 셈입니다. 실패자에 대한 연민을 덕목으로 삼는 기독교의 가치는 "삶을 보존하고 삶의 가치를 드높이려는 본능"과 상충하는 가치이자 본능으로 보였던 것입니다.[20] 그래서 니체는 기독교가 현실세계와 접속하지 못하고 공상적인 허구들을 만들어냈다고 주장합니다.[21] 그는 기독교가 현실세계를 왜곡하고 부정하는 방식으로 허구적 세계를 구축하면서 현실의 것을 무가치한 것으로 만드는 허무주의적 전략을 구사했다고 판단했습니다.

이 지점에서 니체는 그의 특유의 심리학적인 추적을 통해 기독교의 유약함의 근원을 드러내려고 시도합니다.

저 허구적 세계는 자연적인 것(현실!)에 대한 증오에 뿌리를 두고 있으며 그것은 현실적인 것에 대한 깊은 불만의 표현이다. … **그러나 이것으로 모든 것이 설명된다.** 현실을 **왜곡하면서** 그것으로부터 **도망하려고** 하는 자는 누구겠는가? 현실로 인해 **고통받는** 자이다. 현실로 인해 고통받는다는 것은 그 현실이 **좌절된** 현실이라는 것을 의미한다. … 쾌감에 대한 불쾌감의 우세가 저 허구적인 도덕과 종교의 **원인**이다.[22]

현실을 긍정할 수 없기 때문에 현실에 대한 증오와 불만을 품고 만들어낸 세계가 기독교의 허구적 세계의 심층적 심리의 원인입니다. 이처럼 니체의 시각으로 보면 기독교의 일관적인 세계 처방은 길들이기 위해 약화시키고 병들게 하는 것이라고 말할 수 있습니다. 이러한 기독교의 세계 처방에는 근본적으로 정신, 긍지, 용기, 정신의 방종에 대한 증오와 더불어 감각과 감각의 환희 또는 환희 그 자체에 대한 증오가 자리잡고 있습니다. 이는 야만적인 것을 다스리기 위해 즐거움과 쾌락을 추구하기보다 삶에 고통을 부가해야 한다는 역설에 빠지는 심리적 행위이자 삶의 범형입니다.[23] 말하자면 긍정적 삶의 에너지를 부정적이라고 규정하면서 고난을 견뎌내는 심리적 태도를 갖는다는 뜻입니다. 이는 기독교가 하나님이라는 최고의 "권력자를 향한 열정"을 지속적으로 유지하는 이유를 말해주기도 합니다. 최고의 권력자는 넘보기 힘든 존재이므로 거기에 도달하는 것을 금기시합니다. 이 때문에 신에게 선물과 은총을 구하는 형식으로 복종하게 됩니다. 정복당하고 억압받았던 자들의 노예도덕은 친구뿐만 아니라 원수까지도 사랑하라는 고상한 도덕윤리로 치환됩니다. '영혼의 평화'는 고통받는 현실을 초극하여 신의 은총과 선물이라는 심리적 보상으로 대체하는 전략인 셈입니다.[24]

니체는 이런 심리를 '원한의 감정'이라고 말합니다. 기독교의 이러한 원한적 본능 때문에 삶에 대한 긍정은 악하고 배격되어야 하는 그런 세계를 고안했습니다. 세계에 맞서 이겨낼 힘이 없다는 것을 미리 간파했기 때문에 기독교는 연기적(연극적) 기지를 발휘하여 데카당스 운동의 전략을 구사함으로써 삶에 긍정적인 그 어떤 집단보다도 더 강한 존재가 될 수 있었습니다.[25] 이는 기독교가 극도로 고통에 민감한 감각을 가지고 있다는 것을 의미합니다. 고통을 극복할 능력이 없으니 고통의 공포로부터 벗어나기 위해 고통이 없는 것처럼 행동하는 전략입니다. 그것은 현실에 대한 불쾌감을 해로운 것으로 받아들이고 결국 그런 고통의 공포를 사랑으로 치환하려는 태도입니다.[26] 유대민족의 경우 역시 대표적인 유사한 사례입니다. 유대민족이 디아스포라의 악조건 속에서도 살아남았을 뿐만 아니라 삶의 활동력을 과시하는 세력이 될 수 있었던 것은 그들의 데카당스적 전략 때문이었던 것입니다. 즉 어려운 여건과 상황 속에서도 연기력을 발휘하여 현실적 삶의 고통에 대한 공포를 회피하는 전략이 효력을 발휘하는 것처럼 보입니다. 기독교도 마찬가지로 현실과 다른 삶의 가치를 설정해놓고는 현실적 가치를 전도시키고 위태롭게 하여 세상을 비난하는 방식으로 세계를 지배하려고 한다는 것입니다.

메시아주의 패러디와 차라투스트라

니체는 기독교의 이러한 전략을 '허무주의적 정복주의 정신'이라고 말합니다. 이러한 전략의 고안자로 니체는 바울을 지목합니다. 바울은 죄, 회개, 용서, 믿음, 구원 등의 용어를 만들어냈습니다. 이러한 바울의 논리의 중심에는 예수의 십자가의 죽음과 부활이 자리하고 있습니다. 바울은 복음서에는 나타나지 않는 죄와 형벌이라는 개념을 만들어냈고 현실세계라는 유일한 실재를 이원화시켰습니다. 유대교의 맥락에서 보면 예수의 복음은 원래 행함으로써 성취하는 것이었고, 구세주의 행위란 실천 자체에 있었습니다. 자신의 복음에 따라 실천하는 것 자체가 신에게 가까이 가는 것이자 신이 되는 것이었습니다. 그런데 바울은 믿음을 강조하면서 행함과의 분리를 시도했고, 현실에서의 지복의 경험을 차단하고는 심리적 허구의 세계인 '피안의 천국'을 만들었습니다.[27]

십자가에 달려 죽는 예수를 보고는 그를 따르는 제자들은 자신이 모욕을 당하는 느낌을 받았고 예수가 왜 이렇게 비참하게 죽을 수밖에 없었던 것인지를 질문하지 않을 수 없었습니다. 그리스도의 죽음에 대한 합리적인 이유를 찾는 것은 자신들을 위해서도 중요한 일이었습니다. 그래서 제자들은 글을 썼고 변증적인 이유를 만들어 갔습니다. 이 일에 가장 열정적이었던 인물이 바로 사도 바울이었습니다. 이것이 사도 바울의 글이 복음서에 비해 상대적으로 논리적이고 합리적인 진술처럼 보이는 이유입니다.

복음의 운명은 죽음과 함께 결정되었다. ―그것은 십자가에 매달렸다. … 바로 그 죽음, 뜻밖의 그 부끄러운 죽음, 대개 천민들에게만 사용되었던 바로 그 십자가―바로 그 끔찍한 역설이 제자들을 '저 사람은 누구였을까? 저것은 무엇이었을까?'하는 진정한 수수께끼에 직면하게 했다.―뒤흔들리고 마음 속 저 깊은 곳까지 모욕을 당한 느낌, 그리고 그들의 대의명분이 그러한 죽음에 의해 **반박된** 것은 아닐까 하는 의혹, '왜 하필 그렇게 되어야만 했던가?'라는 그 끔찍한 부호―그러한 상태는 충분히 이해되고 남는다. 이 경우 모든 것은 필연적이고 의미 있고 합리적이어야 했다. 다시 말해 최대한 합리적이어야 했다.[28]

니체에 의하면 기독교인들이 예수의 죽음을 자신들에게 감정이입을 한 이유는 예수가 자신들의 처지를 대변한다고 생각했기 때문입니다. 당시의 유대인 지배계층에 의해 예수는 죽음에 직면하게 되었고, 그들은 예수의 죽음을 기존의 사회 질서에 대항하여 봉기하는 메타포로 읽었던 것입니다. 그럼에도 역설적인 것은 예수에게는 호전적인 모습이 전혀 나타나지 않는다는 점입니다. 그런데도 기독교인들은 예수를 원한감정을 가진 자로 보려고 했다는 사실이 중요합니다. 예수는 자신의 가르침과 행동을 통해 공적으로 모든 것을 보여주었던 인물입니다. 그런데도 기독교인들은 예수의 죽음에 집중하면서 십자가의 죽음을 자신들의 전복적인 원한 감정을 노골화하는 형식으로 만들었습니다.[29]

바울은 예수의 죽음을 통해 증오와 복수심을 잘 드러내고 있는 독특한 메시아주의를 창안합니다. 니체는 바울이 예수의 죽음을 보복과 심판에 대한 요구의 출발점에 위치시키고 있다고 생각했습니다. 말하자면 예수는 민중들 편에 서 있었음에도 불구하고 억울한 핍박과 죽음에 직면하게 되었는데 이는 억압 속에서도 저항하지 못하는 민중들의 신세를 대변합니다. 이것이 기독교에서 심판의 주제가 등장하는 맥락입니다. 그는 역사적 순간에 민중의 기대를 심판의 형태로 실현할 하나님 나라의 도래(종말)도 이러한 이유 때문에 전면에 급부상하게 된 것으로 봅니다. 기독교인들은 예수의 평등의식을 견딜 수 없었고 하나님 나라의 적에 대한 복수를 정당화했습니다. 이것이 모두 원한감정의 산물이라는 게 니체의 평가입니다.

니체는 기독교의 이중적인 모순을 지적하려고 합니다. 기독교는 예수의 삶을 최종적인 것이라고 만족할 수 없었던 것입니다. 왜냐하면 예수는 삶 가운데서 긍정적인 에너지를 생성하면서 살아갔는데, 기독교인들의 현실적 처지는 그러한 삶의 가치를 인정할 수가 없었기 때문입니다. 결국 죄 없는 자를 희생시키는 것이 야만적인 행위임에도 불구하고 기독교는 예수의 죽음을 통해 죄를 폐기하는 수순을 밟습니다. 이어 부활의 교리를 만들어냄으로써 현실적인 지복의 가능성을 제거해버립니다. 죽음 이후의 지복이라는 특유한 논리가 출현하게 된 것입니다. 이것은 약속인 것처럼 보이지만 실상은 아무것도 약속한 바가 없다는 역설을 지니고 있다는 것이 니체의 생각입니다.[30] 예수의 삶과 모범, 가르침을 포함한 역사적인 진리는 파기되고 구세주의 삶만 남았다는 것입니다. 이렇게 '죽음 이후'의 삶을 약속하는 구원은 현재에서는 약속하는 바가 전혀 없

는 것이나 다름없다는 해석입니다. 그래서 결국 심판을 강조하게
된다는 것입니다.[31]

하지만 바울에 의해 창안된 기독교는 이 억울함을 원한감정의 복
수심으로 전환합니다. 바울의 신학에서 핵심을 차지하는 '약한 지
의 승리'라는 공식을 니체는 다음과 같이 냉소적으로 비판합니다.

'하나님께서는 이 세상의 **약한 자들**을, 이 세상의 **어리석은 자들**을, 이
세상의 **보잘 것 없는 자들**과 **멸시 받는 자들**을 택하셨도다'라는 것이
바로 공식이었다. 이러한 상징에 의해 데카당스는 승리를 얻었다. ─**십
자가**에 달린 **신**─이 상징의 이면에 숨어 있는 무서운 의미를 사람들은
아직도 알지 못한단 말인가?─고난받는 모든 자, 십자가에 달린 모든
자는 신과 같다. … 우리 모두는 십자가에 달려 있다. 따라서 우리는 신
과 같다. … **우리**만 신과 같다. … 기독교는 하나의 승리였다. **보다 고
귀한** 성향은 기독교로 인해 몰락하고 말았다. ─기독교는 이제까지 인
류 최대의 불행이었다.[32]

바울의 '약한 자 또는 어리석은 자의 승리' 논리는 배타성을 만
들어냈습니다. 니체가 바울의 대표적인 개념인 믿음, 소망, 사랑과
기독교의 정결(성스러움)을 설명하는 부분에서 이런 은폐된 논리가
잘 드러납니다. 바울은 믿음이라는 장치를 통해 진리를 향하는 금
단의 길을 만들었고, 행복보다는 희망(소망)을 강력한 자극제로 택
했으며, 사랑이라는 형식으로 신을 인격적인 존재로 만들었던 것
입니다. 믿음은 이성이나 인식 또는 탐구 등 자연적인 것을 좇지 못

한 것으로 보게 되었고, 희망은 현실에서 고통당하는 자들에게 실현불가능하다는 형식으로 지속적으로 희망 고문을 가합니다. 니체가 보기에 기독교(특히 가톨릭)의 사랑이나 정결도 마찬가지입니다. 사랑은 젊고 건강미 넘치는 예수에게 인격적인(또는 인간적인) 매력을 느끼도록 만들고 마리아가 아도니스 또는 아프로디테처럼 전면에 배치되면서 종교적 사랑의 매혹적 본능을 자극하고 내면화시킵니다. 이를 통해 환상을 만들어내는 힘과 성스럽게 하는 힘을 사랑을 통해 강화합니다. 이렇게 사랑받을 만한 종교를 만들어낸 것이 바울의 영민함(교활함)이라고 니체는 말합니다.[33]

니체의 차라투스트라는 기독교의 십자가의 메타포를 대체할 형상으로 제시됩니다. 차라투스트라는 십자가의 길을 진리라고 보지 않습니다. "피는 진리의 증거로서 최악의 것이다. 피는 가장 순수한 가르침조차도 중독시켜서 마음의 증상과 증오를 만들어버린다."[34]라는 진술에서 알 수 있듯이, 십자가는 진리의 길로 인도하기보다는 마음의 증상과 증오를 충돌질할 뿐입니다. 이에 반해 차라투스트라는 피의 확신을 지향하지 않고 회의를 실행합니다. 차라투스트라는 증오자가 아니라 회의가(懷疑家)입니다.[35] 정신적 강함으로부터 나오는 자유를 그는 회의를 통해 입증하는 자이며, 근본적인 것에 대해 고려하지 않는 자이며, 모든 확신으로부터 해방된 자입니다. 회의자에게 유일한 존재근거는 위대한 정열뿐입니다. 확신은 이생의 정열을 위한 수단에 지나지 않습니다. 그러나 이와 반대로 확신을 강조하는 기독교의 신앙인은 자기 자신에게 속하지 않고 최고의 권력자에게 예속됨으로써 자신이 수단이 되어버리는 자입니다. 왜냐하면 그는 자기를 희생시키고 소모해버릴 숭배의 대상을 최고의 도덕적 덕목으로 삼는 자이기 때문입니다.[36]

이에 반해 차라투스트라는 이러한 도덕적 확신을 회의하는 자신을 긍정하는 자입니다. 여기에 차라투스트라의 역설이 존재합니다. 니체는 기존의 신학과 철학을 부정하기 위해 특히 기독교의 핵심논리를 분석하면서 동시에 그것을 패러디하고 있는 것처럼 보입니다. 차라투스트라는 바울의 메시아의 패러디라고 할 수도 있습니다.[37] 차라투스트라는 회의하는 것으로 자신의 생을 긍정하는 형상입니다. 어쨌든 차라투스트라는 부정의 과정 즉 허무적 질문의 과정을 거치는 자입니다. 바울의 원한감정을 가진 형상은 아니라는 점에서 차이가 있지만 적어도 바울의 현실에 대한 회의를 뒤집어서 접근하고 있는 전략입니다. 이는 어디서부터 회의할 것인가의 차이라고 할 수 있습니다. 그래서 니체가 바울을 자신의 경쟁자로 생각했다는 알랭 바디우의 지적은 일리가 있어 보입니다.

니체 본인도 인간의 삶의 '중심'을 당대의 허무주의적 퇴폐 너머로 '옮기려고' 하지 않았던가? 그리고 그러한 작업을 위해서는 바울이 고안한, 밀접하게 연관된 세 가지 테마─즉 자신이 스스로를 정당화하는 주체의 선언(차라투스트라라는 인물), 역사를 두 동강 내는 것('위대한 정치'), 죄의식을 갖는 노예 상태의 종식과 생의 긍정으로서의 새로운 인간(위버멘쉬)─이 필요하지 않았던가? 니체가 바울에게 그토록

난폭했던 것은 바울이 단지 그의 적이라기보다는 경쟁자였기 때문이다. 그리하려 그는 바울이 예수를 '왜곡'한 것만큼—그보다 더했다고는 할 수 없을지 몰라도—바울을 '왜곡'한다.[38]

바디우는 니체를 바울의 경쟁자로 볼 뿐만 아니라 그가 바울의 개념을 뒤집어 패러디 하고 있다고 평가합니다. 니체 자신도 따지고 보면 당시의 허무주의를 극복하기 위한 일종의 '근본적인' 사유를 제시하려고 했으니 일리가 있습니다. 이러한 근본적인 처방을 위해 니체는 누구에게도 종속되지 않으면서 생의 긍정성과 창조성을 논할 형상이 필요했던 것입니다. 곧 니체의 초인(위버멘쉬)은 바울의 메시아에 해당한다는 해석입니다. 이러한 패러디가 바울에 대한 비판을 위해 사용될 때 니체는 바울을 의도적으로 왜곡하고 있는지도 모릅니다. 바디우는 니체의 생각과 달리 바울이 십자가의 죽음이 피안의 세계에 대한 도피를 부추기지 않고 오히려 영에 따라 현실적 삶 즉 육체의 삶을 긍정한다고 말합니다. 그는 특히 바울의 부활 개념은 삶을 부정한다기보다 삶의 중심이 삶의 자리에 제대로 자리잡도록 해주는 것이라며 니체의 해석을 비판합니다.[39]

니체의 바울 독해는 차라투스트라와 같은 초인적 전형에 의해 창안되는 새로운 가치를 진술하기 위해 이루어집니다. 서구 문명에서 차지해왔던 기독교의 문화적이고 정신적인 지배를 넘어서며 새로운 시대를 선언하기 위해서 니체는 필수적으로 기독교에 대한 새로운 해석이 필요했던 것입니다. 그의 해석은 역사적인 조건과 기독교의 실제적인 변혁적 기능을 지나치게 과소평가하거나 의도적으로 간과한 영역들이 있습니다. 그럼에도 니체의 기독교 비판은 기독교의 근원적 문제를 다시 고려해보도록 요청합니다. 이런 과정에서 바울의 용도를 어떻게 볼 것인지의 사안이 결정적으로 중요하다는 사실을 알 수 있습니다. 니체는 예수의 삶과 모범 및 가르침에 대해서는 긍정적으로 평가하지만 바울의 구원과 부활 및 심판의 교리 등에 대해서 부정적인 견해를 제시하기 때문입니다. 바울이 '죽음 이후'만을 강조하지 않았다는 점을 다시 탐색하는 작업은 이미 기독교 신학에서 많이 진전된 논의입니다. 문제는 기독교 신자들의 현실에서 이런 현재적 신학이 어떻게 작동하고 있는지를 탐색하는 작업일 것입니다.

2. 하이데거의 바울 '사용'과 그리스도인의 현사실성

하이데거의 대표적 저작인 『존재와 시간』[40]에서 다루는 대부분의 기초적인 개념은 이미 『종교적 삶의 현상학』에서 제출되고 있습니다. 하이데거는 『종교적 삶의 현상학』[41]에서 바울이 갖고 있었던 현사실성의 종교적 현상을 분석함으로써 그의 현존재에 대한 이해를 발전시켰습니다. 하이데거의 바울 이해는 그의 존재와 현상 이해에 있어 중요한 탐구적 계기가 되었다고 하겠습니다.

니체 비판과 그리스도인의 삶의 자리

하이데거는 니체가 기독교 비판을 통해 허무주의를 극복하려는 전략을 부정적으로 평가합니다. 니체의 접근으로는 허무라는 무의 본질에 대해 물을 수 없기 때문입니다. 허무(니힐)를 묻기 위해서는 존재가 무의 상태에 있음을 인정해야 하기 때문입니다. 무는 존재 자일 수 없고 비존재이기 때문에 허무는 비존재의 논의를 함께 다뤄야 합니다. 그렇지만 니체의 가치론적 접근으로는 진정한 허무를 통한 긍정이 불가능하므로 그의 체계에서는 무의 지위를 제대로 논하는 접근이 불가능하다는 것입니다. 이와 달리 바울은 비존재론을 설파하고 있다고 말할 수 있습니다. 말하자면 바울은 세계의 형체가 쇠락한다는 것을 인정한다는 점에서 허무주의자이지만, 동시에 현실세계에 개입하는 신의 구원을 논한다는 점에서 허무주의를 극복하려는 자이기도 합니다. 미래의 파루시아(재림)라는 메시아성은 현실세계에서는 무의 위치에 있는 잠재성이기에 비통한 각성으로 현재적 삶을 살 수 있도록 하는 힘입니다.

바울의 '아무것도 아닌 사람들'에 대한 하이데거의 관점이 니체의 해석과 다릅니다(어떤 점에서는 완전히 상반됩니다). 바울은 "유력한 자를 무력하게 하시려고 … 아무것도 아닌 사람들을 택하셨습니다."(고린도전서 1:28)라고 말하면서 유적 신이 강한 것을 물리치고 세계의 약한 것을 택했으며 권력을 물리치고 무력한 것을 택했다고 적시합니다. 이것은 하이데거의 퇴락의 용어와 통합니다. 바울은 에클레시아를 일종의 비통의 공동체로 보았습니다. 그 공동체는 기다림의 공동체이자, 낮은 자의 공동체이고, 비참한 자들의 공동체였습니다. 이것은 메시아 안에서 사는 삶, 즉 메시아적 삶은 아무것도 아닌 자로 산다는 허무주의적 반전에 의한 새로운 삶에 대한 선포입니다. 하이데거는 바울의 핵심용어인 기그노마이(gignomai)의 부정사인 게네스타이(genesthai)를 자신의 중요한 철학용어인 '되어감'(Werden)과 '되었음'(Gewerdensein)의 의미로 사용하고 있습니다.[42] 바울의 메시아적 삶은 비참한 자들의 현실적 삶을 단절하면서도 주어져 있는 상황의 조건을 견뎌내는 삶의 형식을 전제합니다. 이는 단순히 고통스러운 삶에 대한 인내를 강조하는 것이 아닙니다. 오히려 현실세계에 허무적 힘(고통과 죽음)이 작동하고 있다는 현실직시이자 그것과 단절하기 위한 삶의 형식을 만들어내는 조건 내지 현상을 진술하는 것입니다.

바울에게 기독교인들은 '주어진' 삶의 실존적 조건 가운데서 수동적으로만 사는 것이 아니라 허무적 현실을 인정하면서도 능동적 삶의 의미를 적극적으로 질문했던 자들입니다. 기독교인들은 삶의 실행연관을 단순히 삶에 적응하는 형식이 아니라 본래적인 종교적 체험연관에 의해 현실을 단절하면서 삶의 조건을 통과하는 자들이었습니다. 하이데거는, 니체가 생각한 것과는 달리 바울이 윤리에 관심이 없었고 오히려 세상이 퇴락하는 것을 제대로 판단하고 있으며 '선포에 대한 믿음'의 현재 상태를 잘 보여준다고 주장합니다. 세계를 메시아를 통해서 본다는 것(구원의 관점)은 사물을 '없는 것'

처럼 보는 시각을 요청합니다. 메시아적 무한한 요구(무) 앞에서 현재의 실행이야말로 생성(되어감, 일어남)의 성격을 잘 보여준다는 생각입니다.[43] 하이데거는 은총이 그리스도인이 처한 삶의 이러한 조건, 즉 현사실성에 대한 수동적인 인식과 능동적인 인식이 함께 공존할 수 있게 한다고 보았습니다.

바울은 다음과 같이 말한다. "나를 본받는 자가 되라." 그는 세상의 모든 재산과 유의미성을 포기하고 철저하게 자신의 길을 위해 싸웠다. 자기-방어의 세계적 방식을 포기함으로써 그의 삶의 위기는 더 고양된다. 이러한 실행연관 안으로 들어간다는 것은 희망을 거의 포기하는 것이나 다름없다. 기독교인은 이러한 현사실성이 자신의 힘으로는 획득 될 수 없으며, 하나님으로부터ㅡ은총의 영향이 일어나는 현상ㅡ비롯된다는 의식을 가지고 있다.[44]

하이데거는 바울의 '되어감'(게네스타이)을 세계연관의 관점에서 사유함으로써 바울의 원한감정(노예적 감정)의 차원에서 해석하는 니체와 다른 선택을 합니다. 니체에게 있어 기독교의 노예 도덕 감정이 자기의 연약함을 치부하기 위한 일련의 자기합리화 과정 내지 복수적 감정의 은폐 수단이라면, 하이데거는 오히려 약함에 대한 긍정을 제시합니다. 약함에 대한 긍정은 세계연관 속에 있는 현존재의 실존적 분위기, 즉 유한성에 대한 긍정을 의미합니다. 니체처럼 약함은 극복의 대상이라기보다는 오히려 인간의 유한성을 보여줄 뿐입니다. 그런데 하이데거에게는 인간은 단순히 수동적으로 그 유한성을 받아들이는 것이 아니라 그 유한성을 긍정하면서 자신의 세계와 관계하는 지위를 획득한다는 점이 중요합니다. 이것이 하이데거의 본래적 실존인데, 본래적 실존은 단순히 퇴락한 일상성 위에서 떠다니는 것도 아니고 그렇다고 초월적인 상대의 획득도 아닌, 두 관계 사이에서 연관적으로 존재하는 존재입니다. 말하자면 종교적 삶은 두 세계연관 속에서 '되어가는' 메시아적인 것입니다. 하이데거의 용어로 말하자면 실존은 존재가능(Seinskönnen), 즉 현존재의 본래성으로서의 시간적 유한성입니다. 현존재는 죽음을 향한 존재이자 유한성을 전유하는 존재입니다. 따라서 현존재는 죽음과 유한성의 부름 앞에 있으며 그것을 본래적인 삶으로 전유합니다.[45]

현사실성과 세계연관[46]

하이데거는 전통적인 형이상학에 대해 비판적이었는데 이는 기독교에 대한 분석에서도 마찬가지입니다. 그는 종교적인 체계와 성사를 강조하는 가톨릭과 단절하면서 프로테스탄트 기독교(개신교)의 루터에게 관심을 갖게 됩니다. 그는 『종교적 삶의 현상학』(1920-21년 겨울학기 강의안)에서 철학은 타학문과 달리 사태연관을 통한 철학의 '자기 이해'를 추구한다고 말합니다. 그리고 이러한 자기 이해는 "현사실성(Faktizität)의 경험"에서 생겨난다고 밝히고 있습니다.[47] 철학이 다른 엄밀한 학문(후설의 현상학적 정의)과는 달리 철학 자체의 본래적 계기를 갖는다는 것입니다. 하이데거는 철학의 현사실적 경험은 세계의 연관관계에서 이루어진다고 봅니다. 진정한 삶의 세계를 찾는다는 것은 이러한 현사실적 삶의 경험이 처한 연관의미를 묻는다는 것을 전제로 합니다. 이런 연관 속에서는 지식의 의미 획득은 이미 세계 경험을 전제로 하고 있는 것입니다. 자기 자신을 경험한다는 것은 반성도 내적인 지각도 아닌 "자기 세계적 경험"이 됩니다.[48] 따라서 하이데거는 현사실적 삶의 경험으로부터 철학함이 생겨난다고 주장하고 있는 것입니다.

하이데거는 종교학을 하나의 학문분과의 영역으로 자리잡게 하기 위해 노력했던 트뢸치의 종교철학에 주목합니다. 종교의 형이상학적 이해(존재론적 증명)나 특정분과로서의 종교철학은 종교와는 다릅니다. 이성의 통일성의 역할 때문에 서로 다른 실재적 연관관계들을 대상(실재적 객체)으로 고찰할 수 있게 되었습니다. 이는 믿음을 이러한 다양한 철학적 체계들에 의해 이해하게 되었음을 의미합니다. 종교철학은 철학이 종교를 자신의 인식객체가 될 수 있게 하여 철학과 학문의 차이를 제거하고 맙니다. 결국 철학과 종교의 연관성을 통찰해내는 길도 가로막고 맙니다.[49]

삶의 경험은 일종의 '현상'으로 이해할 수 있습니다. 현상학은 내용의미, 연관의미, 실행의미 등 세 의미의 방향을 개별적으로가 아니라 의미 전체성의 차원에서 해명합니다. 사람들은 현상을 형식적-존재론적 규정성의 차원에서 접근함으로써 현상이 실행에 입각해 있다는 점을 강화하거나 내용의 방향을 제어하려고 합니다. 그러나 하이데거가 볼 때 이 현상은 미결정의 상태로 이미 주어져 있는 것입니다. 연관과 실행은 규정되어 있는 것이 아니라 앞서 주어져 있는 미결정의 상태입니다. 규정을 위한 규칙의 필요성은 현사실적 삶의 경험에 속해 있는 시간적 퇴락의 경향을 드러냅니다.[50] 여기에 시간성이 관계합니다. 우리의 삶이 현사실적 삶으로부터 출발한다고 할 때 거기에는 시간의 의미가 획득되고 역사적인 것에 대한 물음이 자리잡는다고 할 수 있습니다. 현사실적인 경험은 '시간 속에서 되어감'이기 때문에 최종적일 수 없고 보편적인 규정적 의미를 갖는다고 말할 수도 없습니다. 우리는 현사실성의 경험에서 시간적인 것을 근원적으로 경험하는 것입니다.[51]

종교적 근본 경험과 역사적 자기 이해

하이데거가 볼 때 바울의 기독교적 삶의 근본 경험은 주위세계에 대한 연관투쟁이었습니다. 바울의 이런 상황은 종교의 규정적 규칙을 만들어내는 교리적 정형화의 작업과는 거리가 멀다고 하겠습니다. 하이데거는 바울에게서 신학적 체계를 도출하려는 것은 잘못된 일이라고 생각했습니다. 그는 바울이 경험한 근본 경험에 대한 해명 없이 바울의 편지 내용을 이해할 수 없다고 보았습니다.

바울에게서 신학적 체계를 이끌어내려는 사상은 잘못된 것이다. 오히려 종교적 근본 경험이 해명되어야 하며, 이 근본 경험에 착안하여 모든 근원적인 종교적 현상들을 그것과 연관시켜 이해하려고 해야 한다.

(…) 바울의 근본 입장은 빌립보서 3장 13절을 참조해야 한다: 자신의 삶—그의 실존에서의 분열—속에서 제시되는 입장의 자기 확실성, 자기 자신과 그의 현존재에 대한 근원적이고 역사적인 이해. 여기에서부터 사도로서, 인간으로서 그의 사역이 실행된다.[52]

율법과 믿음이 서로 대립된다는 그의 관점도 믿음과 율법의 실행에 대한 그의 확정적이지 않은 태도 때문에 생긴 것입니다. 바울은 자신의 삶 속에서 자기 확실성을 소유했으며 그것을 통해 현존재의 역사적인 이해를 갖고 그의 사도로서의 사역을 실행했습니다. 그래서 바울의 종교적 현상학에 대해 하이데거는 다음과 같이 말할 수 있다고 합니다. "1) 초대 기독교적 종교성은 초대 기독교적 삶의 경험에 놓여 있으며, 삶의 경험 자체이다. 2) 현사실적 삶의 경험은 역사적이다. 기독교적 종교성은 시간성 자체를 사는 것이다."[53] 기독교의 종교성은 초기 그리스도인들의 삶에 대한 경험 그 자체라고 할 수 있습니다. 이 경험은 단순히 주관적이고 개인적인 경험이 아니지만 그렇다고 정형화된 역사적 경험도 아닙니다. 바울의 기독교는 율법과 같은 정형화된 역사적 전통의 형식이 아니라 근원적 체험을 통해서 철학과 종교의 교조적인 전통을 의심하는 태도를 견지하고 있습니다. 이는 메시아적 시간이라는 용어로 잘 대변됩니다. 바울의 하나님 나라의 복음의 삶이란 이러한 메시아적 시간을 산다는 의미에서 '역사적'입니다. 하나님 나라 복음의 선포대상은 예수 그리스도 자신인데 이러한 통찰이 중요한 이유는 하나님 나라가 선포 안에서 발생하는 예수 그리스도에 대한

믿음의 체험이라는 문제이기 때문입니다.[54]

선포와 실행 그리고 메시아적 시간

하이데거에 의하면 기독교의 삶의 실행은 결단의 결과이며, 결단은 선포에 의해 이루어집니다. 바울의 복음 또는 선포는 위기의 정황 속에서 긴박하게 주어진 것입니다. 그런 의미에서 선포는 일종의 부름과 같습니다. 이 선포는 듣는 자들에게 부름의 새로운 표식, 즉 믿음이라는 형식으로 새로운 실행을 요청합니다. 바울은 믿음을 통해 비통(Not, 고통), 즉 불안(Angst)의 현실에 직면하지만 그렇다고 그런 조건을 회피하지도 않습니다. 바울의 주체는 비통 가운데서 어떤 기다림을 실행합니다.[55] 메시아적 시간성에 대한 이해를 바탕으로 한 결단이 현실에 대한 새로운 실행을 가능하게 하는 것입니다.

> 초기 기독교적 현사실성은 그 모든 근원성에 있어서 결코 예외적이고 특수한 것이 아니다. 실행의 변형이 절대적으로 요구될 때에도 모든 것은 세계적 현사실성의 관점에서 볼 때 옛 것에 머물러 있다. 그리스도적 삶의 강조는 실행에 입각한다(살전 3:3; 5:9). 일차적인 실행연관들은 모두 하나님을 향해 있으며 하나님 앞에서 실행된다. 동시에 '아나메네인(기다림)'은 하나님을 고대함이다. 중요한 것은 미래에 있을 내용이 가지는 의미가 아니라 하나님이다.[56]

이는 하이데거의 시간성에 대한 이해와 연결되어 있습니다. 즉 초기 기독교의 중요성은 '시간 자체를 살아 내었다'는 역설적 현실을 직시하게 합니다. 이는 우리가 보통 바울의 종말론이라고 말하는 것으로서, 바울은 파루시아(현전, 도착, 재림)라는 용어를 통해 단순히 역사적 시간(연대기적 시간) 속에서 역사적 시간으로 환원될 수 없고 나뉘지도 않는 카이로스적 시간에 대해 말합니다. 이 시간은 '지금'의 시간으로서, 하이데거 식으로 말하면 선포의 시간이자 믿음을 요구하는 시간이며, 동시에 현행적 삶의 실행을 가능하게 하는 시간입니다. 말하자면 파루시아는 현재에서 미래적 시간의 선취이자 수행입니다. 미래가 현재의 시원적 시간이 되는 것입니다.[57]

> 시간성의 의미는 하나님에 대한 근본 태도에서 규정되며, 따라서 당연히 시간성을 실행에 입각하여 사는 사람만이 영원성을 이해할 수 있다. 이러한 실행연관을 통과하는 것이 전제 조건이다. 나아가 이러한 연관에서 교리적 개념이 어떻게 형성되는지에 대해서도 물을 수 있다. 본질적인 것은 선포가 감사할 만한 기억으로만 남아 있는 것이 아니라 항상 함께 생동하며 거기 있다는 사실이다.[58]

바울에게 역사적 객관성은 사라지고 현재로부터 역사가 존재합니다. 바울은 서신이라는 형식으로 그의 글을 썼습니다. 서신은 삶을 변함이 없는 조건으로 본 것이 아니라 결단의 결과로 본 것입니다. 위기의 상황에 따라 편지의 수신자가 달랐습니다. 현재의 문제를 해명하는 방식으로 삶을 실행하고 있고 이런 조건 속에서 선포가 계속 확인됩니다. 위기의 맥락에서 이 선포는 긴박하게 이루어지는 것이지, 고정적인 형식으로 강제되지 않습니다. 왜냐하면 기독교의 삶은 실행적(또는 수행적)이기 때문입니다. 그래서 현사실성에는 실행을 위한 선포만이 있습니다.[59]

하이데거는 그리스도인의 '부름'(Ruf)과 삶의 독특한 역설적 형식에 주목합니다. 이 부름 때문에 위기의 상황이 만들어집니다. 즉 상황을 급박하게 규정하고 위기상태라고 인식하는 일종의 종말론적 투쟁을 요구합니다. 어떤 상황 가운데서도 극복의 형태든 그대로 받아들이든 간에 일단 여기서 믿음이 결정적으로 개입합니다. 그리스도인이 된다는 것은 다른 말로 '그대로 지내는 것'과 관련이 있습니다. "각 사람은 부르심을 받은 그 부르심 그대로 지내라"(고린도전서 7:20). 그리스도인이 주위세계와 연관을 갖는 것은 강제된 내용적인 것이 아니라 부름 앞의 결단에 의한 근원적인 실행입니다. 곧 어떤 것으로 변화되지 않으면서도 근본적으로 변화를 촉구하는 세계연관 방식의 부름입니다. 이것은 주위세계나 직업, 심지어는 자기 자신이 지시하는 의미방향들이 그리스도인의 현사실성을 규정할 수 없고 현사실성에 입각한 근본 실행만이 이들의 조건들을 해명할 수 있다는 뜻입니다.[60]

기독교의 세계연관은 세계라는 공간연관성뿐만 아니라 시간성과 더 관련이 있습니다. 이러한 독특한 시간적 특성을 메시아적 시간이라고 할 수 있을 것입니다. 이러한 시간을 설명하기 위해 하이데거는 한 예시로 바울의 고린도전서 본문(7:29-32)[61]을 제시합니다. 기독교적 종교성에서 '아직 아니'(Nur ~ noch)는 중요합니다. 위기와 환란은 깊어지는데 아직 벗어날 시간은 아닙니다. 그래서 '섬김'(둘레우에인)과 '기다림'(아나메인)이 필요합니다. 단축된 시간(카이로스) 때문에 객관적으로는 세계 속에 있지만 그것을 기독교적 삶의 연관의 근원에서 실행하도록 요청받습니다. 그런 점에서 기독교인의 삶의 실행연관은 항상 방해를 받거나 삶의 단절을 경험하는 것처럼 부정적으로 보일 수 있습니다. 하지만 이런 체험은 본래적으로 기독교적 삶의 연관의 근원을 경험하는 것입니다. 따라서 "이것은 삶의 조화와는 전혀 관계가 없습니다. 단절과 함께 기독교인의 위기와 고난은 계속 고양되며 이것들은 내면으로 깊이 파고듭니다"[62]라는 하이데거의 진술은 메시아적 긴장이 현재에서 진행된다는 의미입니다. 삶의 위기 가운데서도 실행연관 안에 들어간다는 것은 현사실성이 하나님으로부터 은총으로 주어짐을 의식한다는 것을 뜻합니다. 따라서 그리스도인의 현사실적 삶은 자기로부터 '되어감'(게네스타이)을 수행할 계기를 갖지 못하면서 동시에 연관관계를 본래적 실행으로 되돌림으로써 세계의 유의미성(즉 자기에게 고유한 세계)을 소유하고 경험합니다. 객관적인 역사 대신 현재로서의 역사가 존재하는 것입니다.[63]

하이데거가 바울의 갈라디아서와 데살로니가서 등에서 분석하는 기독교의 종교성은 지금의 시간 자체를 살아내는 것입니다. 기독교적 시간은 연대기적 시간에 환원되지 않는 과거, 현재, 미래로의 구획이 되지 않으면서 미래성으로서의 파루시아를 지금의 시간에서 긴박감과 비통을 갖고 직면하는 시간입니다. 이것이 하이데거가 말하는 탈자적 시간성의 전조이자 미래가 시간의 시원적 현상이라고 말할 때의 의미입니다. 결국 하이데거는 시간의 끝인 종말(에스카톤)을 파루시아로 이해하는 것이며 그 종말은 지금의 시간에 뿌리를 둔 바울의 메시아적 시간성에 대한 하나의 이해와 닮아 있습니다.[64]

3. 바울의 메시아주의의 양가성

우리는 니체가 바울의 메시아주의를 비판하면서도 이미 자신이 차라투스트라라는 일종의 메시아를 제시하고 있음을 확인할 수 있었습니다. 차라투스트라의 힘에의 의지와 회의하는 자로서의 형상은 일종의 메시아주의적 다른 확신의 이미지이기도 합니다. 하지만 니체의 기독교 비판의 핵심에서 우리가 간과하지 말아야 할 것은 메시아주의 너머에 대한 물음입니다. 메시아주의 기획이 내재하고 있는 또 다른 폭력성을 고발하는 방식으로 니체는 의미 있는 통찰을 던져줍니다. 하이데거는 기독교의 현사실성에 대한 현상적 진술을 위해 바울의 텍스트를 면밀하게 분석하고 있습니다. 그의 결론은 기독교가 처한 상황은 세계 연관적이면서도 동시에 본래적 존재가능에 대한 물음을 통한 현존재의 지위를 현상하는 것이기도 합니다. 바울의 종말론(유한하면서도 무한한 시간성)적 선포와 부름의 형식에 대한 믿음의 충실성이야말로 현존재가 처해 있는 현사실적 조건이기 때문입니다.

　니체처럼 바울의 기독교를 초월적으로 읽으며 바울의 기독교가 지니는 한계를 비판하든, 아니면 하이데거처럼 현존재의 본래적 존재가능성을 현세계연관 속에서 논하든, 모두 메시아적 시간에 대한 해석을 경유하고 있습니다. 하이데거가 종교적 삶의 세계연관적 조건 속에서 메시아적 시간이 미래로부터 현재의 조건 속에서 의미를 가지듯이, 따지고 보면 니체도 기독교의 초월성보다 현재성을 강조하는 종교적 역할에 관심을 집중하고 있다는 공통점이 존재합니다.

더 읽을 만한 책

마르틴 하이데거, 『존재와 시간』, 이기상 옮김, 까치, 1998.

프리드리히 니체, 『선악의 저편, 도덕의 계보』(니체전집14권), 김정현 옮김, 2002.

프레드 달마이어, 『다른 하이데거: 정치철학의 시선으로 조명한 새로운 하이데거론』, 신충식 옮김, 문학과지성사, 2011.

신상희, 『하이데거와 신』, 철학과현실사, 2007.

정영도, 『칼 야스퍼스의 니체와 기독교 읽기』, 세창출판사, 2016.

클로소프스키 『니체와 악순환-영원회귀의 체험에 대하여』, 조성천 옮김, 그린비, 2009.

3장

중단으로서의 메시아주의

발터 벤야민의 역사 이해와 메시아주의

발터 벤야민은 낙관적 진보주의 역사관 또는 실증주의적 진보주의에 맞서 역사를 거슬러 올라가는 방식으로 역사를 고찰한다는 점에서 일면 니체의 반시대적 고찰을 닮아 있습니다. 그렇지만 벤야민은 니체의 귀족주의 역사 이해와는 달리 억압받는 자를 해방하는 데 초점을 맞춥니다. 그의 이러한 혁명적 주체에 대한 인식은 메시아주의에 기초하고 있습니다. 벤야민의 사상은 보통 독일 낭만주의, 마르크스주의, 메시아주의 등의 영향을 받았고 이들을 독특하게 조합하면서 그의 특이한 역사 이해를 전개했던 것입니다.[65] 특히 벤야민의 역사 이해는 마르크스주의의 억압받는 자의 해방적 계기에 대한 강조가 유대-기독교의 메시아주의와 맞닿아 있다는 점을 이해하는 방식입니다. 그런데 여기서 중요한 것은 벤야민의 시간 이해는 마르크스주의나 기독교식의 직선적 시간 이해와는 결이 다르다는 점입니다. 그의 시간 이해는 역사의 시간을 총체적인 시간의 덩어리로 보지 않고 파편적인 시간으로 이해함으로써 '과거의 억압받은 자'를 현재에서 기억하고 애도하는 과정을 가능하게 하는 역사·이해입니다.[66] 벤야민의 메시아주의의 지형학을 파악하기 위해서는 먼저 당대의 독일 신학의 분위기를 대략적으로 이해할 필요가 있습니다.

1. 19세기 독일의 신학과 역사 이해

자유주의 신학과 정치

19세기 독일 개신교 신학은 프리드리히 슐라이어마허에 의해 체계화된 새로운 종교심리학과, 청년 헤겔주의자였던 다비트 슈트라우스의 종교 문헌 연구에 의한 새로운 역사적 방법론 등을 발전시킵니다. 우리가 알고 있듯이 '문화적 개신교주의(kulturprotestantismus)'라는 새로운 관념이 일반화되는 시점이 바로 이 시기입니다. 기독교는 독일의 민족주의 정신과 교유하면서 신학-정치의 협약에 의한 지배적 야망을 키워갑니다. 말하자면 기독교가 보편적인 도덕적 기준이고 기독교가 만드는 세상이 독일의 문화적·정치적 발전 그 자체라는 신념입니다. 이는 개신교와 근대주의의 뚜렷한 유기적 교착을 보여준다고 하겠습니다. 즉 개인주의, 도덕적 보편주의, 이성에 대한 신뢰, 진보의 가치에 대한 믿음 등에서 기독교는 근대주의와 별반 큰 차이를 보이지 않았습니다.[67] 이 시대를 대표하는 문화적 개신교주의 신학자로는 알브레히트 리츨, 빌헬름 헤르만, 아돌프 폰 하르나크 등이 있습니다.

　이런 상황은 독일 내의 유대교도 크게 다르지 않았습니다. 15세기 말 유대인들이 스페인과 포르투갈에서 추방된 후 유럽과의 조화를 이루기 위한 지적인 반성이 일어납니다. 이 과정에서 유대교는 19세기 독일에서 유행했던 계몽주의, 낭만주의, 민족주의, 사회주의 등 시대적인 사조에 조우합니다. 거기에다가 자유주의적 개신교 신학의 사유가 반성적으로 유입되었습니다. 이는 독일 정부의 방향에 완전히 동화하고 문화적으로 성공을 거두기 위한 전략이었습니다. 이러한 시대적 조우 과정에서 창출된 유대교의 성격을 변증적 자유주의 유대교라고 부를 수 있습니다. 이러한 종교적 생존 내지 적응을 기점으로 학문적인 영역에까지 유대교의 독일 적응력은 극대화되기 시작합니다.[68] 당시 대표적인 자유주의 유대 사상가로 헤르만 코헨이 있습니다. 그는 마르부르크 대학교에서 신칸트학파를 세우는 데 결정적으로 기여했던 인물입니다. 코헨은 유대교와 개신교가 본질적인 면에서 신학이 일치한다고 보았는데, 그의 사상은 유대교를 도덕적 일신교의 근원이자 전형으로 주장하면서 독일의 위대한 철학자 칸트의 사상을 수용하는 방식으로 이루어졌습니다. 그는 유대인은 국가를 갖지 않고 모든 민족 속에서 인류를 위해 메시아적 고통을 대신한다고 주장하면서 독일의 지배를 간접적으로 정당화합니다.

　이처럼 19세기 독일의 자유주의 개신교와 유대교는 전적으로 독일의 문화와 조합을 이루려고 노력했으며 그 성격은 계몽적이고 도덕적이었고 진보의 가치를 신뢰했습니다. 메시아주의를 신의 신성한 희망과 특수한 위로가 아니라 국가와 민족(특히 독일)의 정치적 실행으로 환원해버렸던 것입니다. 이후 자유주의 신학은 제1차 세계대전을 거치면서 좌절에 직면하게 됩니다. 이때 새롭게 등장한 신학자가 있었는데, 개신교에서는 칼 바르트가 있고 유대교에서는 프란츠 로젠츠바이크가 있습니다. 이들은 독일의 민족주의와 국가주의를 정당화하는 자유주의 신학에 대한 저항을 불러온 대표적인 인물들입니다.

칼 바르트의 '전적인 타자' 신학과 종말론

제1차 세계대전 이후 유럽 사회는 진보와 희망에 대해서 말할 수 있는 언어를 잃어버렸습니다. 그렇다고 희망에 대해 말하지 않을 수 없는 딜레마 앞에서 유일한 돌파구도 언어로 보였습니다. 이때 신학에서 칼 바르트를 중심으로 말씀(언어)으로 돌아가자는 운동이 일어났습니다. 이른바 자유주의 신학이 하나님 나라의 현재성을 부르짖으면서 현실 세계에 천착한 신학의 정합성을 강조하며 생산한 역사적 결과를 목도했기 때문입니다. 곧 독일 군국주의에 편승한 유약한 신학을 만들어낸 신학적 실패를 보았던 것입니다. 칼 바르트의 『로마서』(제2판:1922)[69]와 프란츠 로젠츠바이크의 『구원의 별』(Der Stern der Erlösung, 1921)[70]이 이러한 자유주의 신학의 한계를 넘어서려고 신성한 계시와 성서적 구원의 본질에 주목한 대표적인 저작들입니다.

근대적인 개신교 신학이나 유대교 신학은 도덕적 메시지로 합리화되거나 현실세계에서의 희망을 이야기함으로써 어떤 의미에서 이 땅에서의 복지와 안녕을 외치는 지배이데올로기에 종사하기 쉬운 정치적 한계를 갖고 있었습니다. 이는 한걸음 더 나아가 이상적인 공동체에 대한 모델 경쟁을 부추겼고 서로 투쟁하는 이러한 현실적 암울함을 표현하거나 비판할 수 있는 언어를 잃어버렸습니다. 바르트는 루소나 슐라이어마허처럼 기독교를 인간 정서의 최고의 표현이라고 간주하거나, 칸트와 리츨처럼 도덕성의 최고 발달 단계나, 헤겔과 트뢸치처럼 인간 문화의 절정으로 정의하려는 자유주의적 신학을 인본주의라고 비판했습니다. 그는 제1차 세계대전을 신과 인간의 공백을 없애려는 지나친 인본주의의 필연적인 결과로 보았습니다. 그렇다고 해서 바르트가 반지성주의를 표방했다고 보면 안 됩니다. 그는 당대의 기적에 대한 철학적 비판이나, 신 존재 증명에 대한 칸트의 반박이라든지, 성서 비평학 등에 매우 친숙했기 때문입니다. 그럼에도 불구하고 그는 시간과 영원 사이에 '무한한 질적 차이'가 존재하며 인간과 신 사이에도 좁힐 수 없는 간극이 있다고 주장했습니다. 성서의 신은 인간적인 것 너머에 존재하는 '전적인 타자'라고 했던 것입니다.[71]

인간의 존재나 행위는 하나님의 존재, 하나님이 하시는 일과 전혀 다르다. 이편과 저편 사이에는 도저히 건널 수 없는 죽음의 선이 그어져 있다. 그러나 그 죽음의 선은 생명의 선이요, 그 종말은 곧 시작인 종말이며, 부정은 곧 긍정의 부정이다. 하나님이 선언하시고 하나님이 말씀하시고 하나님이 보응하시고 하나님이 기뻐하시는 뜻을 선택하고 평가하신다. 그렇다. 창조주의 말씀이 그 선언이며, 그분의 말씀을 통해 현실성이 규정되며, 하나님께서 가치를 발견하시는 곳에 가치가 있다. 그러나 하나님의 행위와 역사는 창조된 것이며, 그러므로 새로운 창조다. 하나님께서 보상하신 것은 하나님께 속한 것이지, 인간에게 속한 것이 아니다.[72]

바르트의 종말론은 이러한 맥락 가운데 자리를 잡고 있습니다. 그의 종말론의 핵심은 신과 인간의 궁극적인 만남은 현실에서는 불가능하고 종말에야 완성된다는 것입니다. 바르트에 의하면 이 종말은 인간의 역사가 점진적으로 진보하다가 마침내 완성되어서 끝나는 지점이 아닙니다. 오히려 신의 심판이 갑자기 도래하는 시간에 이루어진다는 의미의 종말입니다. 이에 비해 유대인들은 선민사상에 젖어 정치에 대해서는 무관심했습니다. 그들은 타자와 함께 진행되는 변화무쌍한 정치적 현실과 국제 관계 사이에 존재하는 힘의 불균형에 관심이 없었습니다. 자신의 민족과 신은 직접적인 교류를 통해 결정된 삶을 살아갈 것이기 때문입니다. 이미 그들은 현실에서 영생을 살고 있었습니다.

바르트는 모든 정치적이고 역사적인 영역에서 정치를 의심해야 한다고 생각했습니다. 그는 삶의 긴장관계를 유지하는 것이 중요하다고 보았습니다. 그는 사도 바울처럼 현실에 충실하며 사는 삶을 전혀 부정하지 않지만 그렇다고 현실의 삶에만 집착하는 것을 경계했습니다. 바르트에게 있어 바울은 현실 안에서 자족하는 삶의 비결을 갖고 있었는데, 그는 바로 이런 삶의 긴장을 체화하고 있었던 대표적인 인물이었습니다. 진정한 자유는 하나님이 주시는 자유이므로 이 경험이야말로 현실에서도 자유를 누릴 수 있게 합니다. 그러므로 현실세계에서 진정한 자유를 줄 정치 지도자는 없습니다. 그들도 모두 인간이기 때문입니다.[73] 바르트가 현실세계에 대한 개입이나 참여를 전혀 부정한 것은 아니지만 적어도 그에게 종말론적 입장에서 그리스도냐 바라바냐, 신의 사랑이냐 자기 사랑이냐를 선택해야 하는 결단은 매우 중요한 주제였습니다.[74]

이러한 바르트의 태도는 히틀러 집권 이후 작성된 바르멘 선언문을 통해 잘 드러납니다. 그는 국가가 교회에 대해 정치적으로 간섭할 수 없다는 태도를 신앙고백적 차원에서 '정치적으로' 선언했습니다. 이는 로마서 주석의 입장과 크게 다른 것이 아니었습니다. 신앙의 고백은 정치적 행동이 될 수밖에 없습니다. 바르트의 위기의 신학은 메시아적 종말론에 입각해 있으며 이러한 전적 타자(또는 초월적 외부자)의 존재와 역할에 대한 인정을 통해 교회다움의 성격을 규정하려는 작업이었습니다. 그런데 이런 작업 역시 역설적이게도 현실세계에 대한 메시아적 정치의 가능성을 고려하는 물음으로 다시 돌아옵니다. 따라서 바르트의 의도와는 달리 그의 신학은 역설적으로 정치의 새로운 가능성에 대해 묻고 있는 것이라고 말할 수 있습니다. 그는 하나님의 새로운 정치를 위한 새로운 언어를 갖고자 했던 것입니다. 이처럼 바르트는 메시아적인 것에 대한 물음 자체가 정치적인 것과 연결되어 있는 가능성에 대한 사유의 길을 새롭게 열었다고 하겠습니다.

프란츠 로젠츠바이크의 메시아주의적 삶

칼 바르트가 '전적인 타자' 신학을 강조했다면 로젠츠바이크는 '멀고도 가까운 이'가 훨씬 더 진리에 가까우며 신의 본성을 잘 설명한다고 생각했습니다. 그리고 이런 신에 대한 이해는 전통적인 방식에서 벗어나는 새로운 사고방식을 요청한다고 보았습니다. 그의 명저『구원의 별』에서 이런 실험적인 사유가 잘 드러납니다. 이 책에서 로젠츠바이크는 신의 계획에 대한 인간 역할의 중요성을 강조합니다. 이 세상은 신과 인간의 상호 활동에 의해 동력화되어야 할 미완성의 상태라는 것입니다. 이것이 "계시의 빛 가운데 살면서 구원을 기다리는" 상화보완적인 삶의 존재적 방식입니다.[75] 구원을 위해 신과 인간이 함께 이 세상을 완전하게 만들어갑니다. 이런 신인협동적 역할을 강조하는 대표적인 종교가 유대교와 기독교입니다.

기독교는 성육신 교리와 그리스도의 재림 교리에 대한 믿음을 핵심으로 갖고 있는 종교입니다. 기독교의 삶은 개별적인 동시에 집단적으로 종말론적 구원을 향한 여정이라고 할 수 있습니다. 기독교는 전체 역사의 여정 속에서 시대마다 적절한 활동(행위)을 통해 세상의 구원을 준비합니다. 이에 비해 유대교는 기독교의 역사가 시작되기 전부터 중재자가 필요없는 정치에 무관심한 채 살아

왔습니다. 로젠츠바이크가 보기에 유대인들은 이미 운명지어진 존재였고 역사적인 과업을 수행하지도 않습니다. 그저 종교달력에 따라 영생을 선취하며 살아갈 뿐입니다. 유대인들은 다른 국가보다 먼저 목표에 도달해 있으며 창조 전체를 구원하고 그 구원이 도래할 때까지 세계사를 정지시키는 역할을 수행합니다.[76] 나중에도 다루겠지만 이런 차이는 역사의 시간에 대한 이해의 차이에서 비롯됩니다.

프란츠 로젠츠바이크는, 기독교가 메시아의 도래를 위해 이처럼 세상 속에서 그리스도의 성취가 마무리 될 수 있도록 자신을 비워가는 과정이라면(메시아가 벌써 임하였으니), 유대교는 매순간 메시아가 임하고 있기 때문에 역사 속에서 이룰 것이 아무것도 없으므로 정치가 필요 없다고 생각했습니다. 칼 바르트에게 기독교의 정치적 행동의 유형은 '예언자적 경책(꾸지람)'과 '특징없는 시민'이라고 할 수 있습니다. 예언자는 도덕률을 폐기하거나 신의 사랑을 거스르는 자들을 비난하고 그들에 대한 심판을 선언하는 자입니다. 시민은 신문을 읽고 세상의 사정을 잘 알면서 선거에 참여하는 자입니다.[77] 그러나 유대인의 운명은 메시아의 도래를 재촉하는 것이 아니라 그것을 보존하고 기대하는 것입니다. 이 점이 기독교와 다른 유토피아 개념입니다.[78] 로렌츠바이크도 바르트와 마찬가지로 정치적 유토피아에 대해 비판적이었습니다.

유대교 종말론은 다른 민족보다 이스라엘 민족의 회복을 우선하고 이스라엘 자체의 역할에 관심을 먼저 집중합니다. 이러한 종말론은 다윗의 가문을 돌보는 것이자 모든 민족의 평화와 정의를 구현하는 것이며 동시에 진정한 신을 경배하면서 살아갈 완전한 세상을 내다보게 합니다. 그래서 로젠츠바이크는 유대교 종말론의 그런 완전한 세상에 대한 상상이 잠재적 정치공상주의를 유발하며 역사적인 위기 속에서 메시아주의적 행동주의로 이어질 가능성이 있다고 생각했습니다.[79] 로젠츠바이크도 유대교의 메시아주의가 구원의 약속이 이루어지리라는 심리적 기대가 그와 유사한 정치적 형태로 나타날 수 있다는 점을 인정하고 있습니다.[80]

에른스트 블로흐의 혁명적 그노시스주의

유토피아적 메시아주의를 대표하는 인물은 에른스트 블로흐입니다. 블로흐의 『유토피아의 정신』(1918)은 '혁명적 낭만주의'와 '혁명적 그노시스주의'를 결합한 독특한 저작인데 여기에는 유대교 신비주의와 기독교 종말론 그리고 마르크스주의 변증법과 예술사 등이 다양한 맥락에서 등장합니다. 혁명에 대한 블로흐의 구체적인 역사관이 담겨 있는 『혁명의 신학자 토마스 뮌처』(1921)는 농민폭동, 중세의 이교도 반란, 16세기 농민전쟁 등과 같은 구체적인 사건 중심의 역사를 나열합니다. 이 책에서는 '시간의 종언'과 밀레니엄의 도래라는 천년왕국설이나 묵시록적 역사의식이 드러납니다.[81] 그는 유대교도나 개종한 기독교인이 아닌 무신론자이면서도 성서에서 인간의 완전한 해방적 사회에 대한 유토피아적 갈망을 포착했습니다. 블로흐는 정통 마르크스주의가 물질과 계급투쟁의 관점에서 세계를 설명하면서 변증법적 유물론의 한계에 빠져 있었다고 생각했습니다. 그는 구체적인 혁명 주체가 만들어가는 천년왕국설에 근거한 토마스 뮌처의 종말론적 시각에 동의합니다.[82]

블로흐에게 희망이란 인간의 역사 속에서는 상상하기가 불가능한 새로운 가능성을 역사적 현실로 창조할 수 있는 어떤 것입니다. 인간의 경험에는 이러한 메시아적 '잔재'들이 숨어 있는데 이것은 일종의 '기대의식' 또는 '미완의 의식'을 부여해서 인간의 정신과 사회 안에서 잠재적인 것을 발견할 수 있는 정치적 여정을 가능케 합니다. 즉 인간화와 정치화는 종교와 정치 사이의 숨은 연결고리를 찾기 위해 미래에 대한 희망과 기대 속에서 살아가는 것을 의미합니다. 이러한 유토피아에 대한 희망 가운데서 현재의 사회적 상황에 대한 불만족이 자연스럽게 나타나게 되고 이것은 메시아적 충동을 통해 혁명에 대한 갈망으로 바뀝니다.[83]

블로흐의 메시아주의는 일종의 신에 대한 불신임 투표와 같습니다. 유대교 메시아주의는 어떤 면에서 보면 악에 대해 인간이 궁극적인 책임을 진다는 프로테메우스주의적 반란을 의미합니다. 블로흐는 마르크스를 해방과 인간 자율성의 예언자 즉 희망의 예언자로 보았으며, 이 땅에서 확고한 유토피아 건설을 지향한 공산주의를 지지했습니다. 토마스 뮌처의 해방적 폭력이 정당성이 있다고 생각했던 것처럼 모스크바 재판과 스탈린을 옹호했지만, 그는 '미완의 의식'으로 어디에서든 혁명적 사건이 일어나야 한다는 관점에서 세계를 보았습니다. 그런 점에서 그는 히브리 예언자의 전통을 이어가는 자였습니다.[84]

2. 발터 벤야민의 정치적 니힐리즘과 메시아적인 것

니힐리즘적 세계 정치

유대인 랍비이자 신학자인 야콥 타우베스는 니체의 니힐리즘을 비판하면서 발터 벤야민의 「신학적·정치적 단편」을 하나의 대안적 사유처럼 소개합니다. 벤야민은 이 짧은 글에서 에른스트 블로흐의 『유토피아의 정신』에 주목하면서 일종의 정치적 니힐리즘을 피력합니다. 이 정치적 니힐리즘의 근간이 되는 것이 메시아적인 것에 대한 사유입니다.

벤야민은 「신학적·정치적 단편」을 "메시아 자신이 비로소 모든 역사적 사건을 완성시킨다"라는 문장으로 시작합니다. 이 문장은 얼핏 보기에 칼 바르트의 메시아관과 크게 달라보이지 않는다고 생각할 수 있지만 사실 그 내용은 다릅니다. 세계의 사태를 위기로 인식하는 점에서 둘 사이에는 유사성이 있지만 그 해결방식에서 바르트는 신의 초월적인 메시아적 개입이 비중있게 다뤄지는데 반해, 벤야민에게는 초월적 구제의 계기가 등장하지 않습니다.

벤야민의 메시아적 계기란 초월적인 외재적 힘에 의한 구원이 아니라 역사 자체의 내적 계기입니다. 블로흐의 무신론적 기독교 이해와 비슷하게 역사가 스스로 완성의 계기를 내적으로 구성하고 조작하는 것이야말로 벤야민이 메시아적인 것을 이해하는 방식입니다.

이는 벤야민이 계몽주의적 근대신학이나 근대 이전의 낭만주의와는 근본적으로 다른 접근을 한다는 뜻입니다. 벤야민은 그의 친구 숄렘의 파국의 시간, 침묵의 시간, 완전한 절멸과 황폐의 시간 등에 대한 개념들을 공유했습니다.[85] 벤야민의 메시아적인 것도 기본적으로 허무주의적인 것을 전제로 희망을 찾습니다.

> 모든 지상의 존재는 행복 속에서 자신의 몰락을 추구하며 그러면서 행복 속에서만 그 지상의 존재는 그 몰락을 발견하도록 예정되어 있기 때문이다.[86]

이 세상의 모든 존재자는 몰락을 향해 진행하고 있으며 그 예정된 몰락을 향하는 것을 벤야민은 행복으로 인지합니다. 더 나아가 이런 사멸해가는 "메시아적인 자연의 리듬" 그 자체가 행복입니다. 그 이유를 벤야민은 "자연의 메시아적 무상함"이라는 다른 말로 표현하고 있습니다.[87] 세계의 정치는 이 니힐리즘적 방식을 통해 몰락을 추구합니다. 즉 니힐리즘적 방식으로야만이 니힐리즘을 넘어설 수 있습니다. 벤야민은 세속적인 것의 회복(정치적 회복)은 '메시아적 자연의 리듬이 행복이다'고 말하면서 자연은 '메시아적인 것'으로 읽어야 한다고 말하고 있습니다. 여기서 메시아적인 것은 '영원히 그리고 완전히 덧없는 것'이라는 니힐리즘적 측면을 내포하고 있습니다.

「신학적·정치적 단편」과 메시아적인 것

이제 「신학적·정치적 단편」의 전문을 문단별로 소개하면서 벤야민의 메시아적인 것에 대한 이해를 진전시켜보고자 합니다. 벤야민의 이 글은 지나치게 압축적이어서 난해하기는 하지만 그럼에도 그의 역사철학을 가장 잘 이해할 수 있는 단편이기 때문입니다. 야콥 타우베스가 로마서 8장을 통해 그의 역사와 정치에 대한 관점을 피력할 때 벤야민의 이 글을 인용하면서 설명하는 부분을 함께 참고하고자 합니다.[88]

> 메시아 자신이 비로소 역사적 사건을 완성시킨다. 그것도 그 자신이 직접 메시아적인 것과 맺는 관계를 비로소 구원하고, 완성하고[끝내고], 창조한다는 의미에서 그러하다.

메시아적인 것은 계몽주의적 발전을 의미하지 않으며 그렇다고 낭만주의적 중립화를 의미하지도 않습니다. 메시아는 정치의 연속이 아니라 오히려 끝맺는 자로서, 정치적인 것의 끝맺음이라는 의미에서 정치적인 역할을 수행합니다. 벤야민은 메시아가 역사를 완성했다고 말하기보다는 '역사적 사건'을 완성시켰다고 말하고 있습니다. 이는 바울이 그리스도가 예수 안에 있는 사람들을 정죄하지 않고 해방시켰다고 말하는 부분과 일맥상통합니다. 메시아적인 것은, 역사의 가장 마지막이라는 그런 의미에서가 아니라, 역사적 사건이 현재에 들어왔다는 의미로 해석되어야 합니다. 세계는 메시아적인 것과 관계할 때에만 비로소 그 안에 구원이 있고 완성이 있으며(마지막을 이야기할 수 있는 근거가 있으며) 새로운 창조(개방과 희망)가 가능합니다.

그렇기 때문에 어떤 역사적인 것도 그 자체로부터 메시아적인 것과 관계를 맺기를 바랄 수는 없다. 그렇기 때문에 하나님의 나라는 역사적 동력의 목표가 아니다. 그것은 목표로 설정될 수 없는 것이다. 역사적으로 볼 때 그것은 목표가 아니라 끝이다.

여기서 구체적으로 파국의 시간에 대한 언급이 암시됩니다. 메시아적인 것은 연대기적 의미의 역사적인 시간과는 이질적입니다. 지금과 다음 사이에 파국적 시간, 침묵의 시간, 완전한 절멸이나 황폐한 시간에 대한 설정이 있습니다. 바울에게서는 하나님 나라 자체가 역사적인 힘과 동일한 것은 아닙니다. 성령은 하나님의 깊은 뜻을 아는 자로서 역사의 길을 압니다. 하지만 역사적 목표가 곧바로 하나님 나라의 목표가 되지 않습니다. 오히려 메시아적인 목표는 역사의 끝입니다. 다시 말해서 역사의 진전이 목표가 아니라 역사의 파멸이 목표입니다. 혁명적인 시간의 도래가 메시아적인 것의 목표입니다. 하지만 역사가 현재를 지나듯이 있고 메시아적 시간도 현재에 도래합니다. 세속의 시간과 메시아적 시간의 중첩이 이루어지고 갈등이 시작됩니다. 메시아적 시간은 세속의 시간을 통과하면서도 그것을 붕괴시키고 무의미하게 만듦으로써 메시아적인 것을 현재에서 경험하게 합니다.

> 그렇기 때문에 세속적인 것의 질서는 하나님 나라에 대한 사상 위에 구축될 수 없으며, 그렇기 때문에 신정정치(Theokritie)는 아무런 정치적인 의미도 갖지 않으며 오직 종교적인 의미만을 갖는다. 신정정치가 정치적 의미를 갖는다는 점을 최대한 강력하게 부인했다는 것이야말로 블로흐의 『유토피아의 정신』의 가장 큰 공적이다.

칼 바르트처럼 하나님 나라의 정치는 세속적인 질서 위에 세워지지 않는 것이 아니라 신정정치는 종교적인 의미에서만 가능합니다. 다시 말해 종교적 정치는 세속정치에 대해 할 말이 없습니다. 즉 세속정치와 일치하지 않습니다. 그리고 메시아적인 것은 종교적인 것을 넘어섭니다. 신정정치는 세속적인 것에 대한 권력적 욕망의 최종적인 완성이기 때문입니다. 그러나 메시아적인 것은 이 신정정치를 부정함으로써만 세속세계에 대한 파국을 가져올 수 있는 정치입니다.

> 세속적인 것의 질서는 행복의 이념 덕분에 기운을 얻을 수 있는 것이다. 이 질서가 메시아적인 것과 맺는 역사철학의 본질적인 가르침 중하나이다. 더 나아가 이 관계로부터 신비주의적인 역사 이해[역사관]

의 조건이 정해지며, 이러한 이해에 따르는 문제를 하나의 이미지 속에서 그려 볼 수 있게 된다. 한 화살의 방향이 세속적인 것의 동력을 작동시키는 목표를 나타내고, 다른 화살이 메시아적 강렬함을 나타낸다면, 그럴 경우 자유로운 인류의 행복 추구는 물론 저 메시아적 방향으로부터 멀어지려 애를 쓰지만, 이 멀어짐은[마치 작용-반작용처럼] 자기 방향대로 움직이는 힘이 반대 방향의 힘을 촉진시키는 것과 같으며, [이와 같은 의미에서] 세속적인 것의 질서 역시 메시아의 나라의 도래를 앞당긴다. 따라서 세속적인 것은 결코 이 나라의 범주가 될 수 없다. 하지만 [이것 역시] 하나의 범주이며, 그것도 가장 적확한 범주들 중 하나, 즉 그야말로 지극히 조용히 이 나라가 다가오게 만드는 범주이다. 왜냐하면 지상의 모든 것은 행복 안에서 자신의 몰락을 위해 노력하기 때문이며, 또한 그것들은 오직 행복 안에서만 몰락을 발견하도록 정해져 있기 때문이다.

행복은 무상함이요 몰락입니다. 이것은 쾌락이 영원한 것이라는 니체의 선언과 정반대의 주장입니다. 이 세상의 모든 것은 무상하기에 행복이 있습니다. 그것은 무상함의 행복이자, 몰락의 행복이며, 없음의 행복입니다. 바울이 말하는 피조세계의 무상함은 단순한 절망과는 다릅니다. 그것은 희망없음의 희망입니다. 인간의 진정한 행복은 희망이 있기 때문에 생기는 것이거나 단순히 지금을 즐길 수 있으므로 경험하는 쾌락주의적 현재의 희망에서 비롯되지도 않습니다. 오히려 희망없음을 선언하는 것입니다. 이 땅 즉 우리가 볼 수 있는 곳에서는 희망이 없다는 사실을 지각하는 것이 행

복입니다. 피조세계는 고통하고 있으나 메시아는 피조세계에 대한
단순한 절멸을 선언하는 것이 아니라 '절멸 속 희망' 곧 니힐리즘
적 행복(희망)을 선언합니다.

반면에 개별 인간의 내면, 즉 마음의 직접적인 메시아적 강렬함은 고
통의 감각 속에서 불행을 견뎌 나가는 것이다. 불멸성으로 들어가는
종교적 회복에 상응하는 것은 몰락의 영원성으로 인도하는 세속적 회
복이며, 영원히 스러져 가는, 공간적으로나 시간적으로나 완전히 스러
져 가는 세속적인 것의 리듬, 그러니까 메시아적 자연의 리듬이 행복
이다. 실로 자연은 메시아적인데, 왜냐하면 그것은 영원히 그리고 완
전히 덧없는 것이기 때문이다. 이렇게 스러져 가고자 애쓰는 것, 그러
니까 자연으로 존재하는 인간의 여러 단계들에서까지도 스러져 가고
자 애쓰는 것, 이것이 세계정치의 과제이며, 이를 위한 방법은 니힐리
즘이라 불릴 수 있다.

바울은 여러 곳(특히 고린도후서, 로마서)에서 "없는 듯[아무것도 가
지지 않은 듯] 살아라"는 표현을 자주 사용합니다. 이 세상의 스러
져 가고 절멸하는 것도 지나갈 것입니다. 이것이 심대한 니힐리즘
적 실체없는 속성입니다. 로마제국은 파괴될 것이고 세계정치는 절
멸을 고할 것입니다. 이제 자연은 종말론적 차원에서 중요한 범주
로 변환됩니다. 자연은 덧없음으로써 세계정치의 니힐리즘을 증언
합니다. 로마세계는 덧없습니다. 세속적인 것은 덧없습니다. 그러
므로 없는 듯 사는 것이 중요합니다. 그러나 이 덧없음은 피안의 세

계와 대조적인 덧없음이 아니라 지금 여기서 실제로 덧없음입니다.

테오도르 아도르노의 다음과 같은 말이 벤야민의 니힐리즘과 메시아적인 것의 관계를 사유와 관련하여 이해하는 데 참조가 될 것입니다.

> 언젠가 메시아의 빛 속에서 드러날 세상은 궁핍하고 왜곡된 모습일 수밖에 없다면, 그러한 메시아의 관점처럼 세상의 틈과 균열을 까발려 그 왜곡되고 낯설어진 모습을 들추어내는 관점이 만들어져야 할 것이다. 어떤 자의나 폭력도 없이, 오직 전적으로 대상과의 교감으로부터만 나오는 그런 관점을 획득하는 것이 사유의 유일한 관심사이다. … '가능성'을 위해 사유는 자신의 불가능성을 파악해야만 한다. 사유에 부과된 이러한 요청을 염두에 둔다면 구원의 현실성이 있느냐 없느냐 하는 질문은 별로 문제가 되지 않는다.[89]

메시아적인 것의 강렬함은 진보하는 역사의 완성이 아니라 고통 가운데서 새로운 감각을 찾는 강렬함입니다. 절멸 가운데서 완전히 스러져 가는 세속적 리듬 자체를 메시아적인 것으로 경험하는 것이야말로 이 메시아적인 것의 강렬함의 정치입니다. 덧없음이 행복이고 자연적인 것이라면 더더욱 그렇습니다. 왜냐하면 자연적인 것 속에서 이미 새롭게 창조하는 희망없는 창조의 표상이야말로 혁명적인 것이기 때문입니다. 이러한 니힐리즘적 혁명성이 벤야민의 메시아적인 것의 가장 큰 특징입니다.

벤야민의 역사철학과 '지금시간'

벤야민은 진보의 철학에 대한 혁명적 비판자이며, 전통적인 진보주의자를 공격하는 마르크스주의자이자, 과거를 통해 미래를 꿈꾸는 유물론적 낭만주의자입니다.[90] 벤야민은 메시아적이고 마르크스주의적 관점에서 과거의 것을 현재를 비판하기 위해 방법론으로 활용합니다.[91] 벤야민은 『역사의 개념에 대하여』(1940)에서 독일 낭만주의, 유대 메시아주의, 마르크스주의를 융합하여 자신만의 새로운 개념을 발명하고 있습니다. 그는 자신만의 구성적 방식으로 우회로를 선택하고 '역사철학 테제'를 역사를 열기 위한 역사적 과정의 개념으로 제시합니다.

벤야민이 제시하는 역사철학 테제에서 가장 중요하게 이해해야 할 부분은 그의 마르크스주의가 갖는 특징입니다. 그는 역사적 유물론을 하나의 이념으로 제시하지 않고 다양한 파편들, 즉 메시아적, 낭만주의적, 블랑키적[92], 무정부주의적, 푸리에주의적[93] 조각들을 끄집어내고 그것을 다시 조립합니다. 벤야민의 '메시아적 마르크스주의'는 일정한 전형을 갖고 있지 않고 오히려 예측 불가능한 마르크스주의이며 이것을 통해 아직 오지 않은 미래를 새롭게 열려고 합니다. 따라서 미래는 경제적·기술적·과학적으로 예측 가능한 사회과학적 미래가 아닙니다.[94] 오히려 미래적 낙관론을 부추기지 않으면서 해방을 이야기하는 방식의 역사관입니다. 그는 파국의 불가피성을 고려하면서 동시에 대대적인 해방 운동을 함께

고려할 수 있는 혁명의 역사를 제시하려고 합니다.[95]

역사에는 다른 가능성들, 혁명적이고 해방적이고/이거나 유토피아적인 가능성들이 내포되어 있다. 벤야민은 유토피아에 그것의 부정적 힘을 되돌려주도록 도와준다. 일체의 목적론적 결정론과 단절하고, 갈등이 종언을 고하면 역사도 종언을 고한다는 착각을 품게 하는 일체의 이상적 사회 모델과 단절함으로써 말이다.[96]

벤야민은 유물론의 중요한 과제가 억압받는 역사적 주체에게 일어나는 '과거의 이미지'를 붙잡는 일과 관련 있다고 말합니다. 그러면서 메시아가 반드시 구원자의 이미지로만 출현하는 것이 아니라 적그리스도를 극복하기 위해 온다고 설명합니다. 이는 과거의 죽은 자들에게 적절한 회상과 애도를 돌려주는 것입니다(테제 6). 이는 억압받는 계급의 해방적 주체, 즉 역사의 희생자의 지위를 다시 기념하는 특수하면서도 동시에 보편적인 일과도 관련이 있습니다(테제 12). 벤야민은 혁명적 비관론자라고 할 수 있는데, 이는 그가 멜랑콜리한 낭만주의적 숙명론과 근대 사회민주주의나 공산주의의 낙관론적 숙명론을 모두 거부하기 때문입니다.

벤야민이 볼 때 이러한 역사를 실증주의적으로 고착하고 왜곡하는 대표적인 사례는 파시즘입니다. 그 이유는 억압받는 자의 전통을 살펴보면 알 수 있는데, 이는 파시즘적 비상사태(예외상태, Ausnahmezustand)가 상례화되는 것을 의미하고 진정한 예외상태를 도래하게 하는 일이 파시즘에 대항하여 투쟁하는 싸움의 본질이기 때문입니다(테제 8). 그렇다면 진정한 예외상태의 회복은 파국의 잔해더미 속에서 억압당한 자들의 전통을 발굴하여 다시 기념하고 애도하는 것입니다. 이는 파국에 직면해 있으면서 동시에 날개짓을 멈추지 않는 "새로운 천사"의 역할과 같습니다. 그러나 진보라는 폭풍이 세차게 불어오기에 이 일을 앞으로 진전시킬 수는 없어도 현재에 과거의 잔해를 쌓아올릴 수는 있습니다(테제 9).

벤야민의 역사이해는 파시즘에 대항하여 싸우면서도 진보의 역사관은 지양합니다. 이는 현재의 시간(지금시간, Jetztzeit)을 통해 과거를 재구성하는 방식의 시간을 견지하는 것입니다.

> 역사는 구성의 대상이며, 이때 구성의 장소는 균질하고 공허한 시간이 아니라 지금시간으로 충만한 시간이다. 그리하여 로베스피에르에게 고대의 로마는 지금시간으로 충전된 과거로서 그는 이 과거를 역사의 연속체에서 폭파해내었다. 프랑스혁명은 스스로를 다시 귀환한 로마로 이해했다. … 역사의 자유로운 하늘 아래에서 펼쳐질 그와 같은 도약이 마르크스가 혁명을 파악했던 변증법적 도약이다.[97]

이러한 변증법적 도약으로서의 시간 이해는 기념일이나 혁명일과 같은 달력의 시간을 통해 이해할 수 있습니다. 기념일은 연대기적 시간 이해가 아니라 사건적 시간을 기초로 합니다(테제 15). 이것은 경과된 시간(흐르는 시간) 이해가 아니라 시간이 멈춰서 정지해버린 현재라는 개념을 붙잡는 것을 의미합니다. 역사주의가 영원하고 균질적이면서 공허한 시간을 영원성에 기대어 제시한 것과 달리, 사건적 역사이해는 역사의 연속체를 파괴합니다(테제 16). 따라서 현재의 시간이 과거를 구원합니다. 이것이 벤야민의 메시아적 시간 이해입니다. 이때 메시아는 미래를 위해 해방하지 않고 오히려 과거의 억압받은 자들의 형상을 현재의 자리에서 회상하고 애도함으로써 해방을 수행합니다. 이는 결과적으로 미래를 예측 가능한 방식이 아닌 비관적인 방식으로 지향하는 역사 철학입니다.

역사철학 테제 1번에서 벤야민은 '역사적 유물론'이라 불리는 인형이 자동 기계 통속에 숨어 있는 꼽추 난쟁이(신학)의 시중을 받아 역사에서 승리하는 이미지로 시작합니다. 마르크스주의 역사 철학이 실증주의적 방식에 기대기보다 메시아주의의 시간 개념과 억압받는 자들의 과거 형상을 기념하고 애도하는 비균질적 시도를 수행한다면 '역사의 천사'의 현재의 과업은 성공적으로 수행할 수 있을 것입니다. 이는 인간의 보편적인 심성의 행복 이미지와 연결되어 있고, 이 행복은 구원의 이미지와 연결되어 있습니다. 역사가의 현실적 과업은 바로 이 두 가지 이미지를 연결하는 것입니다. 즉 행복-구원 이미지를 현재의 시간에서 반복적으로 회상하고 애도하는 방식으로 미래를 열어놓은 역사의 진행으로 이해하는 방식으로 말입니다(테제 2).

벤야민의 이러한 이해는 그의 테제가 유대교 신비주의 카발라의 티쿤 개념(만물이 처음 상태로 회귀하는 것, 기독교식으로는 아포카타스타시스)과의 유사성을 보여줍니다. 티쿤은 카발라주의자들의 해방개념으로서, 현재에서 이루어지는 현실적인 해방을 지칭합니다. 자연적 삶은 순간순간 해방의 시간들로 이루어져 있는 것입니다. 티쿤은 과거의 원상복구이자 동시에 새로움의 창발입니다. 과거를 회복하는 일과 미래를 유토피아적으로 여는 힘이 함께 작동합니다. 그러나 이 티쿤의 아포카타스타시스(복원)는 초현실주의적 관조가 아니라 지금 여기의 혁명적 성찰과 실천을 통해 가능합니다. 뢰비의 해설은 이 지점을 잘 포착하고 있어 길게 인용합니다.

메시아적/혁명적 구원은 지난 세대가 우리에게 귀속시킨 과제이다. 하늘이 보낸 메시아는 없다. 우리 자신이 메시아요, 모든 세대는 메시아적 권능의 단편을 소유하고 있다. 각 세대는 그 단편을 발휘하려고 애써야 한다. 인간에게 '메시아적 힘'을 부여하는 것은 정통 유대주의의 관점에서 보면 이단적 가설이다. 하지만 이 가설은 마르틴 부버 같이 중유럽의 다른 유대 사상가들에게서도 나타난다. 부버에게 관건인 것은 구원의 작업에서 우리가 신과 협력할 수 있게 해주는 보조적 힘이었지만, 벤야민에게 이런 이원성은 지양하다(aufgehoben)의 의미에서 폐지되는 듯하다. 신은 부재하며, 메시아적 과제는 전적으로 인간 세대에게 귀속된다. 유일하게 가능한 메시아는 집단이다. 그 집단은 인류 자체, 아래에서 보겠지만 더 정확히 말해 억압받은 인류이다. 메시아를 기다릴 필요도 없고, 메시아가 도래할 날을 세고 있을 필요도 없다. 집단적으로 행위하는 것이 중요하다. 구원은 자기-구원이다. 맑스에게서 그것의 세속적 등가물을 찾아낼 수 있다. 즉, 인간은 자기 자신의 역사를 만든다. 노동자의 해방은 노동자 자신의 작업이 될 것이다.[98]

벤야민에게 있어 인간(인류)을 넘어선 메시아는 없으며 심지어 신인협동적인 차원의 개인 메시아도 존재하지 않습니다. 억압받는 자들이 집단적으로 역사의 메시아입니다. 종말의 때를 기다리게 하는 메시아가 아니라 '지금시간'의 차원에서 과거의 억압받은 자들에 대한 집단적 기억과 그것의 물적인 현실화야말로 메시아적 회복 그 자체이자 역사적 혁명입니다.

벤야민의 법과 폭력 이해

벤야민은 『폭력비판을 위하여』에서 법의 폭력(Gewalt, 힘과 강제력 모두 의미)을 비판하고 있습니다. 그는 법을 정립하는 폭력을 법정립적 폭력으로, 법을 보존하는 경찰의 강제력이 동원되는 측면을 법보존적 폭력으로 부르며 양자를 구분합니다. 법 이론이나 법 자체의 실천에 폭력이 이미 내재해 있다는 의미입니다. 이런 과정을 통해 벤야민이 의도하는 것은 사회와 역사 속에서 정의를 말하기 위함입니다.[99]

바울은 그의 로마서에서 법과 정의를 대별합니다. 법보다 정의가 우선하는 것이고 이 정의는 법을 규정합니다. 그러나 법은 죄를 만들고 죽음을 가져옵니다. 법은 폭력성을 내재하고 있습니다. 그것이 비록 혁명에 의해 법을 무화시킨 이후라고 하더라도 극적인 사회 변혁 시기에는 폭력적 절단과 결단의 계기가 있습니다. 이런 점에서 법은 폭력을 수행하는 역할도 하지만 동시에 폭력을 강제하는 수단이기도 합니다. 그러나 이럴 때도 혁명적 법은 폭력성을 갖는 정치적 법입니다. 그래서 벤야민은 조르주 소렐을 따라 정치적 파업과 프롤레타리아 총파업을 구분합니다. 정치적 파업은 국가의 존속을 인정하는 파업인데 비해, 프롤레타리아 총파업은 국가권력을 파괴하고 무화하는 파업입니다. 왜냐하면 프롤레타리아의 총파업은 모든 작동과 국가의 과제를 중단시키는 순수한 형식의 비폭력이기 때문입니다. 곧 법적 폭력을 무화시키고 중단시키는 폭력에 대한 비폭력의 선언이기 때문입니다.[100]

그리고 이러한 법적 폭력의 문제는 법적 계약의 사안과 연결되어 있습니다. 법적 계약을 평화적으로 맺는다고 하더라도 가능적 폭력이 내재해 있습니다. 상대가 계약을 위반하게 되면 폭력(강제력)을 행사할 수밖에 없기 때문입니다. 따라서 어떤 형식의 계약(또는 계약을 맺는 방식의 법적 형식)이든 그것은 폭력을 구현 및 내재하고 있습니다.[101] 이런 계약은 신화적 폭력과 신적 폭력을 구분하는 벤야민의 의도와도 연결되어 있습니다. 신화적 폭력은 직접적인 폭력입니다. 신들의 싸움은 직접적으로 폭력을 행사하고 피를 만듭니다. 이에 비해 신적 폭력은 피를 만들지 않는 비폭력적 폭력입니다.

모든 영역에서 신화에 대해 신이 맞서듯이 신화적 폭력에도 신적 폭력이 맞선다. 그것도 후자의 폭력은 모든 면에서 전자에 대한 반대상을 가리킨다. 신화적 폭력이 법정립적이라면 신적 폭력은 법 파괴적이고, 신화적 폭력이 경계를 설정한다면 신적 폭력은 경계가 없으며, 신화적 폭력이 죄를 부과하면서 동시에 속죄를 시킨다면 신적 폭력은 죄를 면해주고, 신화적 폭력이 위협적이라면 신적 폭력은 내리치는 폭력이고, 신화적 폭력이 피를 흘리게 한다면 신적 폭력은 피를 흘리지 않은 채 죽음을 가져온다.…신화적 폭력은 그 폭력 자체를 위해 단순한 삶에 가해지는 피의 폭력이고, 신적 폭력은 살아 있는 자를 위해 모든 생명 위에 가해지는 순수한 폭력이다. 전자는 희생을 요구하고 후자는 그 희생을 받아들인다.[102]

신적 폭력은 모든 가능한 권력의 폭력을 무화시키는 파괴적인 힘을 가진 비폭력적 폭력입니다. 신적 폭력은 단순한 생명의 죄를 면죄해주고 그것을 정화해줍니다. 그러나 죄로부터가 아니라 법으로부터 정화합니다. 왜냐하면 단순한 생명과 함께 살아 있는 것을 지배하는 법의 규칙을 중단하기 때문입니다. 그러므로 벤야민의 '신적 폭력'은 "살아 있는 것을 돕기 위해 온 생명에 가해지는 순수한 힘"입니다.[103]

하지만 법은 죄 자체가 아니듯[104] 새로운 법(영의 법)이 왔을 때 계명 자체가 무효화되는 것은 아닙니다. 이 계명은 정언명령이 아니기 때문입니다. 특히 '살인금지' 명령은 법보다 더 이전에 있는 생명의 법 자체입니다. "살인하지 말라"는 계명은 혁명을 위해 가능한 법이 아니라 생명의 가치를 파악하도록 하는 목적 없는(목적 이전의) 법의 기초입니다. 말하자면 '살인하지 말라'는 계명은 법적인 성격을 가진 것처럼 보이지만 사실은 법이 아니고, 살인이라는 폭력을 거부하는 비폭력의 수행입니다. 이는 신화적 폭력(피를 흘리는 것을 허용하는 법) 바깥에 있기 때문에 쉽게 위반되는 상황에 처하지만, 비강압적이기에 동의를 얻어 수행되어야 하는 실천입니다.[105] 무한한 요구 앞에 개방되어 있는 삶의 형식이야말로 벤야민의 신적 폭력이 말하고자 하는 비폭력적 폭력의 의미입니다.

사도 바울에게도 죽음의 법인 율법과 생명의 법은 서로 대조적이지만 그렇다고 해서 법적 기능이 전혀 불필요한 것은 아닙니다. 단지 생명의 법 없이는 율법이 죄를 밝히는 것이 무의미할뿐더러 그 효력이 없습니다. 생명의 법이야말로 무한한 정의를 가능케 하는 법입니다. 이 법은 누구나에게 주어진다는 점에서 해방적인 계기를 갖고 있으며 그렇기 때문에 폭력을 넘어서는 신적 폭력이자 은총입니다. 바울은 로마서에서 "율법을 폐하는 폭력"을 통해서만 "율법을 완성한다"고 말합니다. 법이 강제력, 즉 법의 폭력성(힘)을 문제삼는 메시아적 법의 가능성이 법을 새롭게 탈구축합니다.

더 읽을 만한 책

발터 벤야민, 「역사개념에 대하여」, 『발터 벤야민 선집 5권』, 최성만 옮김, 도서출판 길, 2008.

미카엘 뢰비, 『발터 벤야민: 화재경보』, 양창렬 옮김, 난장, 2017.

브루노 아르파이아, 『역사의 천사: 발터 벤야민의 죽음, 그 마지막 여정』, 정병선 옮김, 오월의봄, 2017.

한상원, 『앙겔루스 노부스의 시선』, 에디투스, 2018.

김항, 『종말론 사무소』, 문학과지성사, 2016.

칼 바르트, 『로마서』, 손성현 옮김, 복있는사람, 2017.

프랑크 옐레, 『편안한 침묵보다는 불편한 외침을: 신학자 칼 바르트와 1906–1968의 정치』, 이용주 옮김, 새물결플러스, 2016.

주디스 버틀러, 『지상에서 함께 산다는 것: 이스라엘 팔레스타인 분쟁, 유대성과 시온주의 비판』, 양효실 옮김, 시대의창, 2016.

4장

정치적인 것과 메시아적인 것

-칼 슈미트와 야콥 타우베스의 정치신학

칼 슈미트와 야콥 타우베스는 정치신학이라는 이름으로 공명합니다. 타우베스가 슈미트에게서 정치신학의 개념을 배웠다고 할 수 있습니다. 슈미트의 『정치신학』이라는 책과 타우베스의 『바울의 정치신학』이 이러한 관점을 잘 보여주는 대표적인 저서입니다. 이두 사람은 정치적 질서를 정당화하는 내적 규범이 존재하지 않는다고 보는 공통점이 있습니다. 타우베스가 권위의 초월적 근거가 없는 합법적인(노모스적) 질서를 강조하는 것과 비교해서, 슈미트는 신학적 대표의 형식으로 요청되는 권위에 의해 정치적 질서가 정초된다고 생각했습니다. 이는 타우베스가 유대교적 배경에서 정치적인 것을 종교적 사회 구성(또는 그 사회적 구속력)으로 이해한다면, 슈미트는 기독교적 배경(가톨릭)에서 정치적인 것을 권위나 그것에 대한 복종이라는 권력론과 결부시키고 있기 때문입니다.

1. 칼 슈미트의 정치신학

주권과 예외상태

비상사태(예외상태)에 법이 우선하는가, 결정이 우선하는가 질문할 때 슈미트는 결정이 우선한다고 봅니다. 그가 보기에 주권 개념은 한계개념을 의미하는 것이며 극한을 규정하는 문제와 관련이 있습니다. 체계적이고 법 논리적인 근거를 갖고 있다 하더라도 예외상 태라는 결정없이 규범화되지는 않는다는 것입니다. 따라서 긴급한 사례를 규정하고 판단할 수 있는 주체가 누구냐 하는 물음이 법적 인 것에도 중요한 변수로 작용하는데, 슈미트는 이것을 '정치적인 것'이라고 합니다.[106] 이것이 결정을 주권 개념의 근간으로 볼 수밖 에 없는 이유입니다.

> 예외상태는 원칙으로 제한 없는 권한, 즉 모든 현행 질서를 효력정지 시키는 권한을 포함한다. 이 상태가 되면 법은 후퇴하는 반면 국가는 계속 존립한다는 사실이 명백해진다. 예외상태란 그럼에도 무정부상 태나 혼란상태와 다른 무엇이기 때문에, 법질서가 없어졌다 하더라도 여전히 법학적 의미에서 하나의 질서가 존속한다. 여기서는 법 규범의 유효성보다 국가의 실존이 이론의 여지없이 우월하다. 결정은 모든 규 범적 구속으로부터 자유로워지고 고유한 의미에서 절대화된다. 예외 사례에서 국가는 이른바 자기보존의 권리에 따라 법을 효력정지시키 는 것이다.[107]

모든 규범들이 정상성, 즉 정상적 질서를 요구한다면 정상적인 형태가 무엇인지를 규정하고 법질서가 유의미하게 구축될 수 있도록 정상적인 상황을 창출하는 자가 있어야 합니다. 정상적 상태가 현실적인 것을 지배하고 있는 것 같지만 주권자는 그 상황을 최종적으로 결정하는 예외적 존재입니다. 따라서 슈미트는 "주권자는 상황을 하나의 전체로서 완전하게 만들어 내고 보장한다"라고 진술하는 것입니다.[108] 주권자는 예외상태를 결정하는 자인 것입니다. 그래서 이러한 주권권력은 '상황에 따른 법'을 최종적으로 결정하는 독점자일 수밖에 없습니다.[109]

슈미트는 이 예외의 존속에 대해 생각하면서 개신교 신학자(키르케고르)의 글을 인용하고 있습니다. 키르케고르의 글은 진정한 예외를 통해 일반적인 것이 설명된다는 유명한 테제입니다. 일반적인 것(또는 보편적인 것)을 사유하는 것으로는 위기를 감지할 수 없고 일반적인 것에 대해서는 열정을 가질 수도 없습니다. 즉 예외적인 것을 통해서만 일반적인 것이 설명될 수 있다는 논리에 따르면 예외적 존재자인 주권자(또는 주권권력)야말로 보편적인 것을 결정할 수 있는 자가 됩니다.

주권 문제와 법의 형식

슈미트는 법실증주의와 신칸트학파의 규범주의를 결합한 법학자 한스 켈젠과 무정부주의자 미하일 바쿠닌[110]을 모두 비판합니다. 켈젠은 결단주의와 정치에 관한 신학적 사고에 맞서는 순수한 합리주의를 대변하고, 바쿠닌은 비합리주의자 또는 신학에 맞서는 다른 신학자의 형상을 갖고 있습니다. 그런 점에서 슈미트와 바쿠닌은 순수한 형식적 합리주의를 비판하는 '정치적인 것'을 강조하는 면모를 갖고 있습니다. 이는 바이마르 공화국의 위기 상황과 밀접한 관련이 있습니다. 슈미트는 국제적인 정세 속에서 형식적인 내재적 규범주의는 무기력한 반면 공산주의나 무정부주의는 위험하며 위태롭다고 보았습니다.[111] 그러나 결정이야말로 위기와 규범의 안정성 모두를 확보할 수 있는 유일한 계기로 인식했던 것입니다.

규범적으로 봤을 때 결정이란 무로부터 태어난 것이기 때문이다. 결단의 법적 효력은 하나의 근거에서 비롯된 결론과는 전혀 다른 것이다. 여기서는 규범의 손을 빌려 무언가가 이뤄지는 것이 아니라 정반대의 일이 일어난다. 즉 결정이라는 귀속점으로부터 무엇이 규범이며 무엇이 규범적 타당성인지가 규정되는 것이다. 규범으로부터는 그 어떠한 귀속점도 생겨날 수 없고, 단순히 규범의 내용이 어떤 성질의 것인가를 알 수 있을 뿐이다. 법에 고유한 의미에서 형식이란 이 내용의 성질과 대립하는 것으로, 인과관계가 얼마나 담겨 있느냐 하는 양적 내실의 문제와 대립하는 것이 아니다. 왜냐하면 후자의 문제가 법학의 대상이 아님은 명백한 사실이기 때문이다.[112]

규범 자체로는 귀속을 결정할 수 없으므로 법의 형식이 제 아무리 구축된다고 하더라도 그 내용의 가치 또는 귀속의 결정 문제는 여전히 남습니다. 정치의 내용과 귀속을 결정하는 자가 주권자이자 국가입니다. 이것이 슈미트가 규범의 최종 심급으로서 권한(또는 권위)을 강조하는 이유입니다.[113] 이 최종심급은 홉스 식 권력 개념[114]과 "진리가 아니라 권위가 법률을 만든다"는 고전적인 정의와 연관이 있습니다.[115] 그렇다고 이런 결정이 현실적 질서를 무시한다기보다는 구체적으로 규정된 심급으로부터 비롯된 결정이라는 점이 중요합니다. 결국 슈미트에게 있어 법의 올바름의 문제와 법적 삶이라는 현실은 모두 주권자가 그 심급을 결정하는 문제인 셈입니다.[116]

정치신학과 '정치적인 것'

슈미트의 법과 주권 개념에 대한 이해는 신학적인 것과 관련이 있습니다. 슈미트는 "근대 국가론의 중요 개념은 모두 세속화된 신학 개념"[117]이라는 유명한 말을 남겼습니다. 예외상태는 신학에서 기적과 같은 의미를 갖습니다. 그런데 현대의 법치국가는 그 자체가 기적을 세계로부터 추방하고서 자연적이고 실증적인 것만 받아들이겠다는 이신론적 기획에 기대고 있는 법질서 체제를 의미합니다. 여기에는 현행 법질서라는 이름으로 주권의 직접적인 개입 가능성을 배제하겠다는 논리가 함축되어 있습니다. 그런데 슈미트는 앞에서도 지적했듯이 예외상태를 결정하는 문제가 법체계보다 우선한다는 입장입니다. 이는 법질서에 대한 합리주의적 노선을 선택할 것인가, 비합리주의적 노선을 선택할 것인가의 문제로 이어

집니다.[118]

　슈미트는 근대의 법철학적인 사상과 개념들의 대부분은 세속화된 신학개념이라는 점을 몇몇 사상가들의 사례를 통해 설명합니다. 이신론의 대표적인 철학자인 라이프니츠는 법학과 신학과의 체계적 유사성을 강조했습니다. 국가에 관한 논의에서 입법자 문제는 신학적인 잔영을 내포하고 있습니다. 대표적으로 루소의 사회계약 사상에서 일반의지는 거의 신적인 차원의 개념입니다. 즉 루소의 일반의지는 신적인(divine) 것을 시민다움(civic)으로 번역한 것뿐이며, 일반의지란 만인을 구하려 하는 신의 의지에서 시민의 의지로 탈바꿈 한 것입니다.[119] 슈미트는 법학이 신학과 매우 유사성이 높다고 보았습니다. 무엇보다 그는 국가와 법질서를 법치국가라는 개념으로 동일시할 때 이는 "자연법칙과 규범, 법칙을 동일시하는 형이상학"을 주장하는 것이라고 지적합니다.[120] 켈젠이 수학적-자연과학적 사고방식을 강조하면서 민주주의는 절대주의에서 자유한 상대주의이며, "기적과 도그마로부터 해방된 인간 오성과 비판적 회의에 토대를 둔 과학성"을 표현한다고 말할 때도 신학적인 것에 반하는 실증주의적 객관성에 대한 판단을 이미 전제하고 있는 것입니다.[121]

　슈미트가 법학에 대한 홉스의 사유에 주목하는 이유는 홉스가 국가(리바이어던)를 인격으로 만들었다는 점입니다. 리바이어던(국가)은 하나의 거대한 신화적 인격이며, 단순한 의인화가 아니라 결정적이며 궁극적 심급의 역할을 수행하는 국가의 인격입니다. 이점에서 인격은 법을 위해 필연적으로 요청되는 방법론이자 논리의 귀결이라고 할 수 있습니다. 세계의 창조주가 설계자이자 건축가인 동시에 입법자인 이유는 그 설계한 것에 대한 정통성을 부여하는 권위를 갖고 있기 때문이듯이, 국가의 창조자는 입법자이기도 한 것입니다.[122] 인민이 주권자라고 할 때 이 말에는 국민은 의지를 갖는 것만으로도 진리가 된다는 전제가 깔려 있습니다. 이 말은 인민이 주권자라는 정의 외에 달리 새롭게 말해주는 바가 없습니다. 민주주의 사유에서 인민이 모든 국가적 삶 위에 군림한다는 의미도 마찬가지로 일정한 신학적 믿음이 작동하고 있는 것입니다.[123]

이는 『미국에서의 민주주의』의 저자 토크빌의 견해에서도 나타납니다. 슈미트는 법 규범에 대한 태도에 따라 초월론적 모델과 내재적인 모델이 서로 경쟁한다고 봅니다. 그는 17-18세기는 초월표상이 선호되었고, 19세기에 들어서면서는 내재표상이 확대되었다고 봅니다. 현실정치와 관련하여 볼 때 주권과 법질서를 동일시하는 법치국가론의 경우는 내재성 모델이 지배적이라는 점을 보여줍니다. 내재성 모델은 신과 종교이데올로기를 이원론적으로 강화하는 지배적인 모델이라고 할 수 있습니다. 이에 무정부주의적 투쟁이 프루동과 바쿠닌에 의해서 일어납니다. 이러한 사조는 부르주아적 질서를 급진적으로 비판하는 무신론적 입장이라고 할 수 있습니다(헤겔 우파와 헤겔 좌파가 이러한 대립양상을 잘 설명해줍니다).[124] 군주제적인 정통성 관념을 대신해 민주주의가 출현했지만 민주주의적인 정통성을 확립하는 근저에는 인민의 제헌권력의 문제가 자리잡고 있습니다. 결국 이러한 정치적 정체성을 규정하는 정치의 핵심에는 형이상학적 의식의 문제, 즉 결단주의적 사고가 고려되지 않을 수 없는 것입니다.[125]

원죄와 반혁명성

슈미트는 반혁명적 국가철학 노선, 즉 가톨릭계 국가철학자들의 보수적이고 반동적인 입장에 서 있습니다. 앞에서도 잠시 다뤘지만 슈미트는 실증적 규범주의도, 무정부주의도 모두 거부합니다. 그럼에도 불구하고 매우 중요한 사안에서 또는 위기 상황에서 결정을 내리는 권위로서 정부의 역할은 그것이 긍정적이든 부정적이든 일종의 교정과 개혁의 가능성을 열어주는 것입니다. 이는 그 성격이 어찌되었건 국가가 계몽과 교육의 능동적인 주체로서 인민들의 삶에 개입하는 태도를 의미합니다. 이는 인간 본성이 악하다는 성악설에 기초하고 있다고 말할 수 있습니다. 그래서 슈미트는 무신론적 무정부주의자들이 인간 존재에 대해 가진 긍정적 태도와는 달리 인간의 본성에 대한 부정적인 태도인 원죄 교리를 인정합니다. 이는 트리엔트 공의회(1545-1563)와 루터파의 해석과 일치하는 것으로서 정통 그리스도교의 기본 교리인데, 그 기원이 바울에게까지 거슬러 올라갑니다.[126]

정치적인 것은 바울에 대한 신학적 해석과 관련하여 어떤 선택을 할 것인가의 내전과 같은 것입니다. 무신론적 무정부주의자들은 자신들이 심문관을 자처하고, 기독교 전통은 절대적 권위에 기대어 악에 대한 승리 즉 신의 기적적(예외적) 개입을 믿기 때문입니다. 따라서 이 둘의 긴장과 내전이 정치적인 것의 성격을 잘 보여준다고 슈미트는 생각하는 것입니다. 바울의 종말론의 경우 카테콘(막아서는 자)에 대한 해석을 어떻게 할 것이냐가 이 문제와 관련이 있습니다. 슈미트와 논쟁했던 페테르존은 유대인의 귀환(남은자의 승화)이 천년왕국을 구현하지 못하게끔 하는 카테콘의 유일한 변수라고 봅니다. 이와는 반대로 슈미트는 카테콘이 적그리스도를 의미하며 메시아적 통치(천년왕국)를 끊임없이 유예시키는 원인이라고 봅니다. 적그리스도는 정치적인 권위에 대한 부정이므로 주권자의 결정에 의해 제거되어야 하는 존재입니다.[127] 그래서 슈미트식의 메시아적 통치 개념(정치적인 것)은 독재적 통치(신적 기적이 지속적으로 유지되는 통치)가 이루어지도록 하기 위해 적그리스도와 원죄를 근본적으로 처리하는 종말론적인 '최종적 해결'로 귀결되었을지도 모릅니다.

허구적 대표와 민주주의

슈미트의 정치적인 것에 대한 이해를 단순히 독재와만 관련해서 보는 것은 그의 사상의 한 측면만 주목하는 것이라는 주장이 있습니다. 슈미트의 정치신학의 핵심에는 주권자의 결단에 관한 문제뿐만 아니라 대표성에 대한 주제도 들어 있기 때문입니다. 대표성의 문제를 언급한다고 해서 그것이 바로 민주주의 체계 자체에 대한 옹호를 의미하는 것은 아닙니다. 하지만 그의 철학은 민주주의적인 것, 즉 어떻게 대표되는가의 주제를 사유하는 데 새로운 관점을 제기합니다. 이른바 그의 대표 개념은 공동성, 인민의 개념을 탈구축적으로 이해할 수 있는 여지를 남깁니다. 이것은 그의 대의민주주의(의회민주주의)에 대한 비판에서 잘 나타납니다. 대표(또는 재현)에 대한 그의 비판의 핵심은 인민의 일반의지가 대표를 통해 구현된다는 주장을 '대표의 허구'라고 보는 부분입니다.

> 민주주의에서 시민은 자신의 의지에 반하는 법률에도 심지어 찬성한다. 왜냐하면 법률은 일반의지이며 그것은 다시 자유로운 시민의 의사이기 때문이다. 그러므로 시민은 본래 결코 구체적인 내용에 찬성을 표하는 것이 아니라, 추상적으로(in abstracto) 일정한 결과에, 즉 투표에서 생기는 일반의지에 찬성을 표하는 것이다. 시민은 표를 집계할 수 있도록 투표를 하고, 사람들은 집계된 표를 통해 일반의지를 표하는 것이다.[128]

의회에서 다수파의 의지나 선거를 통해 표출된 인민 다수의 의지가 인민의 일반의지라고 할 수는 없습니다. 그래서 결국 대의민주주의는 대표자와 피대표자가 동일하다는 것을 말해주지 않을 뿐만 아니라 오히려 통치자와 피통치자 사이의 간극이 존재한다는 것을 보여줄 뿐입니다. 그래서 근대의 민주주의는 대표와 동일성이라는 상호대립적인 형태가 공존하고 있는 정치체제라는 것입니다.

슈미트의 대표는 대의이기 이전에 '재현'이라고 할 수 있습니다. 재현이란 실제적으로는 없는 권리를 마치 현실에서 있는 것처럼 허구적으로 보여주는 문제입니다. 달리 말하면 현재 여기서 존재하지도 않고 보이지도 않는 대상을 대표한다는 것은 그것을 현시하는 과정이며 존재하도록 하는 행위 그 자체라고 보는 것입니다. 이 대표하는 과정에서 현존하는 주체는 사실상 현실에서는 대표될 수 없습니다. 이런 관점에서 보면 슈미트는 대표의 허구를 잘 짚어냄으로써 민주주의의 규범성과 민주주의가 신화화되는 것을 비판하고 있는 것입니다.[129]

2. 야콥 타우베스의 부정 정치신학

유대교와 바울의 위치

타우베스의 정치신학은 자신이 진행한 "종교이론과 정치신학" 프로젝트의 과정에서 분명하게 드러납니다. 그가 진행한 프로젝트는 『이 세계의 군주와 칼 슈미트와 그 결과들』(1983), 『그노시스와 정치』(1984), 『신정정치』(1987) 등 세 권의 책으로 묶였습니다. 이 책들은 정치신학의 유형을 보여주는 것으로서 차례대로 대표유형, 정신적 지배와 세속적 지배의 연합 유형, 신정정치 유형에 대한 논의를 담고 있습니다.[130] 당연히 칼 슈미트는 대표의 원리에 주목했고, 타우베스는 단정할 수는 없지만 제국의 지배와 메시아적 지배 사이를 분리함으로써 이러한 유형적 구분과는 별개로 저항적인 모델을 제시하는 것 같습니다.

　임종 직전에 이루어졌던 타우베스의 마지막 강의(1987)는 바울에 관한 강의였습니다. 이 강의를 책으로 묶은 것이 바로 『바울의 정치신학』입니다. 이 책은 바울이 갖고 있었던 유대교적인 흔적들을 되찾는 작업부터 시작합니다. 하지만 당시에 유행했던 역사적인 재구성의 일환으로 과학적 실증주의적인 차원에서 이 과제를 수행한 것이 아니라, 억압받고 있었던 믿음의 형식과 삶의 형식을 개방하는 사건 중심의 연구 방식이었습니다. 즉 바울과 관련되어 있던 주요 개념인 믿음, 율법, 정당화(칭의), 복음 등을 그는 유대교적 배경에서 독해합니다. 타우베스는 바울에 대해 유대교적 믿음과 삶의 형식이라는 다분히 현상학적 차원과 더불어 그가 처해 있던 역사적·정치·사회적(정황적) 배경을 함께 고려합니다. 게다가 그의 메시아주의를 정치적 주제와 연결하는 사례로 신비적 유대교인 사바티아니즘(Sabbatianismus, 17세기, 사바타이 츠비의 메시아운동)을 제시합니다.[131] 이런 과정을 통해 바울에게서 개신교적인 색채는 사라지고, 바울은 역사적인 파국적 국면에서 역설적인 구원을 강조하는 유대교의 신비주의 전통과 궤를 같이 하게 됩니다.

　이렇게 보면 개신교의 독해와는 달리 바울의 텍스트는 헬레니즘 세계의 영향관계에 놓여 있는 것이 아닙니다. 즉 바울의 텍스트는 반유대주의적이지 않습니다. 이것이 타우베스가 공을 들이는 부분입니다. 보통 바울이 사용한 대표적인 법에 대한 이해나 정당화 (칭의)는 교리나 실존주의적 차원(하이데거, 키르케고르 등)에서 주로 다뤄져 왔습니다. 그런데 타우베스는 이 개념들을 유대의 전통인 욤 키푸르-전례(속죄일)의 차원에서 다룹니다. 법적 정당화는 하나님의 저주와 그 저주의 철회라는 구도의 속죄 논의로 치환되면서 합법화됩니다. 이러한 이해는 전통적으로 율법과 믿음을 이원화하여 논의하는 노선과 달리 복음이라는 이름으로 이 두 개념의 새로운 융합을 꾀합니다. 바울의 신학은 은총신학도 공로신학도 아닙니다. 오히려 이러한 이분법적 구분을 해체합니다. 타우베스는 강의에서 이렇게 말합니다.

이스라엘 민족의 대변자였던 모세는 그와 함께 새로운 민족이 시작되고 옛 이스라엘 민족은 멸족되게 하라는 신의 명령을 두 번이나 거절한 인물이지만 바울은 그 명령을 받아들인 사람이라고 말입니다.[132]

이러한 이해는 전통적인 유대교에 대한 옹호도 아니지만 그렇다고 해서 기독교에 대한 비판도 아니라 이 둘의 변증법적 발전을 꾀하는 것입니다. 유대교의 전통 안에서 해방의 측면을 발견해내는 작업이라고 하겠습니다. 타우베스가 볼 때 바울은 유대인으로서 유대교의 내적 잠재력(파괴력)을 현실에 기입하는 개혁자적 형상의 소유자였던 것입니다.[133]

유대 종교사와 메시아적 논리

유대교 전통에서 바울을 연구하는 것은 일반적이지 않았지만 타우베스는 이런 연구를 진행한 사람들의 몇 가지 사례를 제시합니다. 유대교가 바울 연구에 관심을 갖게 된 가장 큰 이유는 자유주의 유대교인들의 예수에 대한 긍정적인 태도 때문입니다. 말하자면 기독교적 분위기가 강한 유럽의 맥락(또는 종교전쟁/내전)에서 기독교를 긍정적이고 능동적으로 해석하는 흐름이 생겼던 것입니다. 기독교에 대한 적극적인 해석은 일종의 생존전략이자 문화적 적응력의 문제와 연결되어 있었습니다. 자연스럽게 예수를 메시아로 전한 바울을 어떻게 평가할 것인가 하는 문제가 주요한 과제였던 것입니다.

　대표적인 학자들로는 요제프 클라우스너가 있는데 그는 『예수에서 바울로』(1950)에서 예수는 이스라엘 땅에 머문 자였기 때문에 유대인으로서의 정체성이 강하지만 바울은 유대인의 정체성이 약화된 인물로 그려냅니다. 이에 대한 타우베스의 평가는 박하지만 이 연구는 예수와 바울에게 미친 유대교의 영향에 대한 관계 연구에 관심을 촉발시키는 계기가 되었습니다. 자유주의 유대교를 이끌었던 랍비인 레오 벡은 그리스 비극이나 유대 랍비 문헌인 아가다(Agada, 미드라쉬의 한 유형)[134]를 모두 이해할 수 있는 능력을 갖추고 있었습니다. 그는 자신이 쓴 『유대교의 본질에 대하여』에서 '믿음과 율법'이라는 등치적 연결을 통해 유대교와 기독교의 단절이 아

닌 조화로운 관계 유형을 개진합니다.[135]

타우베스가 가장 비중 있게 다루는 인물은 마르틴 부버입니다. 그는 특히 부버의 책『두 가지 믿음의 방식』(1928)의 논리를 소개하면서 이 책을 비판하는 데 많은 부분을 할애합니다. 부버가 구분하는 두 가지 믿음의 방식은 에무나(emuna)와 피스티스(pistis)입니다. 에무나는 인간이 근본적인 무한자(신) 안에서 '본질적으로' 결합되어 있는 형태로 규정된 삶을 살아가지만 믿음을 바꾼 인간은 개개의 인간(개인)이 서로 얽어맨 연합체로 존재합니다. 기독교 초기에 피스티스가 새롭게 생겨났는데 이것이 '무엇에 대한 믿음' 즉 그리스도의 죽음과 부활에 대한 믿음으로 발전했다는 것입니다. 부버는 에무나를 일종의 원형으로, 피스티스를 원형에 대한 사본으로 보는 것 같습니다. 타우베스는 부버의 이런 관점은 묵시록이 예언서보다 뒤에 나왔기 때문에 덜 중요하다고 말하는 것과 마찬가지로 오류가 있다고 비판합니다. 어쨌든 부버를 통해 타우베스는 피스티스, 즉 '~에 대한 신앙(무엇에 대한 믿음)'이 그리스적인 것이 아니라 메시아적인 논리의 핵심이라는 점을 지적합니다.[136]

타우베스가 다음으로 소개하는 유대교 전통은 사바티아니즘입니다. 사바티아니즘은 베버의 토대를 비판하기 위한 타우베스의 테제를 옹호해줄 수 있는 대표적인 사례입니다. 그가 보기에 사바티아니즘의 드라마는 기독교 드라마의 캐리커쳐나 마찬가지입니다. 여기서 핵심은 사바타이 츠비가 카발리스트 나탄과 만나 서로 감응을 나누는 부분입니다. 사바타이는 자신을 메시아로 소개하고, 나탄은 사바타이를 메시아로 소개하면서 메시아적 운동이 전개되는 현상이 등장합니다.[137] 그리고 유대교 게토 공동체들 가운데 이슬람의 지배 하에서 이슬람으로 개종하는 '메시아'의 이야기를 전개합니다. 파국의 상황에서 메시아가 출현하고 그 메시아가 한 일이 무엇이었는가 하는 질문이 대두된 것입니다.

"그의 개종은 도대체 무엇이었을까?" 그렇죠. 이건 정말이지 심오한 비밀입니다. 그 '메시아'는 비-순결의 나락으로 내려간 것이었습니다. 바로 이 세상이라는 나락으로요. 이 나락에 순결의 불꽃을 틔우기 위해서 말이죠. 이것이 카발라의 표상입니다. 세상은 순결의 불꽃으로 살아가고 있으며, 언젠가 이 불꽃이 온 세상으로 퍼져 나갔다가 다시 한자리에 모이게 되면, 그때에는 비-순결의 세계는 무너질 것이라는 거죠.[138]

이슬람으로 개종하는 이러한 사건은 유대 공동체가 파국과 시련의 상황에 직면해 있을 때 이루어지는 구원의 문제와 연결하여 새롭게 해석되어야 한다는 것이 타우베스의 주장입니다. 타우베스는 역사 속에서 진짜가 정해져 있는 것이 아니라 상황적으로 정치적 판단을 할 수밖에 없다고 보는 것입니다. 사바티아니즘이 18세기와 19세기에는 가톨릭교회로 개종하는 사건이 발생하는데, 이 경우도 마찬가지입니다. 이것은 갈리시아 지방(폴란드 남부)에 있었던 수천 명의 유대인들이 가톨릭으로 개종한 사건인데 그들은 반율법주의를 신봉한다는 이유로 유대교로부터 핍박을 받았던 그룹입니다. 그 공동체는 위기를 모면하기 위해 가톨릭으로 개종했지만 자신들의 신앙을 포기하지 않았다고 합니다. 오히려 가톨릭의 파괴적인 힘을 무너뜨리기 위해 개종을 했다는 것입니다. 이외에도 유대교의 여러 분파들은 정치적 상황에서 정치적 판단을 내리되 그리스적이지 않으면서도 유대교를 넘어서는 역설적인 믿음을 유지할 수 있는 정체성을 갖고 있었습니다. 이를 타우베스는 "명백한 이치를 거스르는 그들의 역설적인 믿음은 그저 사건 자체의 내적인 논리에 의해 생겨난 것이었을 따름"이라고 소개합니다.[139] 이러한 내적인 논리는 사바티아니즘 메시아운동의 성격을 잘 보여줍니다.

바울과 디아스포라 공동체

타우베스가 보기에 바울은 바로 이러한 메시아적인 것을 정치적으로 활용했던 대표적인 유대인이었습니다. 바울은 어떤 공로보다 믿음을 강조한다는 점에서 그의 믿음은 카발라 전통의 불꽃과 같은 것입니다.

> 이처럼 역설에 집중하는 메시아 신앙은 천편일률적인 그리스식 신앙과는 아무런 관계도 없습니다. 메시아적인 것의 내적인 논리와 관련된 것이지요. 이 신앙은 모든 공로를 무로 돌릴 만큼 엄청난 무언가가 인간의 영혼에게 필요하다고 말합니다.[140]

바울의 메시아적인 특성은 그의 노모스(법)에 대한 개념과 관련이 깊습니다. 그는 로마서에 나타난 율법의 개념은 정치적인 개념으로서 일종의 로마제국에 대한 협상안이 들어 있다고 봅니다. 이른바 카이사르를 숭배하지 않아도 추방당하지 않는, 허용된 종교에 대한 이야기를 하고 있다는 것입니다. 여기서 타우베스가 볼 때 자유주의 유대교는 노모스의 신격화를 통해 법의 개념을 거부하지 않습니다. 노모스-신학은 일종의 선교철학을 통해 법이 인격적인 특성을 갖고 있다고 보았는데 이는 동시대의 질서체계를 긍정하는 태도라고 할 수 있습니다. 또한 이는 알렉산드리아 유대교에서 중요하게 다루었는데 그것은 디아스포라 유대인들이 직면한 선택과 융화의 문제였습니다. 이런 관점에서 바울은 당대의 보편성을 무시하지는 않았지만 그리스적-유대교적-헬레니즘적 선교 신학의 유형이 갖는 타협안(절충안)을 따르지는 않으려고 했습니다. 바울은 열심당원으로서 노모스-자유주의자가 아니라 법과 종교의 동일성에 대한 저항자였습니다.

바울은 [법과 종교라는] 동일한 문제에 대해 완전히 다른 어떤 것으로, 다시 말해 항의로써, 가치의 탈가치화[가치 전복]로써 대답했던 사람입니다. 즉 지배자[황제]는 노모스가 아니라, 노모스 때문에 십자가에 매달린 사람[예수 그리스도]이라고 말한 겁니다. 이건 정말이지 엄청난 것이죠. 그리고 이에 비하면 다른 모든 시시한 혁명가들은 아무것도 아닙니다! 이 가치 전복은 유대교적-로마적-헬레니즘적 고위층-신학을 발칵 뒤집어 놓았습니다.[141]

바울은 보편주의자이기는 했으나 십자가의 죽음을 통과하여 부활을 강조한다는 의미에서의 '특수한' 보편주의자였습니다. 이러한 관점에서 보자면 바디우의 보편주의자로서의 바울보다는 아감벤의 잔여적 존재 이해가 더 타당합니다. 바울은 사회 통념에서 벗어난 비밀스러운 지하 조직(공동체)에서 유대인과 이방인의 정체성을 모두 거부당한 자라는 점에서 만물의 찌꺼기 같은 존재로서 공동체를 상상하고 있는 것입니다.[142] 타우베스는 바울이 그의 글에서 '파스(모든) 이스라엘'이라는 말을 자주 사용하는 점에 주목하면서 그가 보편과 특수의 이분법을 넘어서는 제3의 형식에 대해 고민한 흔적을 발견합니다.[143] 바울이 디아스포라 유대인으로서 유대에 돌아와 살아갔다는 사도행전의 기록을 더 신뢰하는 타우베스는 이러한 바울의 정체성이 잔여적 존재의 혁명성을 보여준다는 것입니다. 바울은 디아스포라-유대인 열심당원이었고, 하나님의 저주(분노)를 당대에 선포하면서 자신의 탈가치적 행보의 정당성을 변호하려고 했던 것입니다.[144]

타우베스가 볼 때 바울은 "신의 새로운 백성을 위한 토대를 놓고 또 그것을 정당화하는 일이 남아 있다"고 생각했습니다. 신의 저주를 받는 백성이라는 테마는 토라의 중심-경험을 전제로 하는 것이며 이것은 메시아적 고난의 주제와도 서로 통합니다. 그러나 무한한 슬픔과 고통의 증거를 가진 언약 공동체로서의 연대 공동체였던 이스라엘을 하나님의 사랑에서 끊을 자는 아무도 없습니다. 이러한 파국에 직면해 있는 바울의 신적 공동체(하나님 나라)는 영웅주의를 바라지 않으며 환란과 역경과 박해를 받으면서도 죽음과 생명, 천사들이나 힘(권력)으로부터 해방할 수 있는 신비적 공동체입니다.[145]

더 읽을 만한 책

칼 슈미트, 『정치신학: 주권론에 관한 네 개의 장』, 김항 옮김, 그린비, 2010.

칼 슈미트, 『정치적인 것의 개념』, 김효전·정태호 옮김, 살림, 2012.

복도훈, 『묵시록의 네 기사』, 자음과모음, 2012.

윤인로, 『신정-정치』, 갈무리, 2017.

윤인로, 『묵시적/정치적 단편들: 이상의 리얼리즘에 대하여』, 자음과모음, 2015.

톰 라이트, 『바울 논쟁』, 최현만 옮김, 에클레시아북스, 2017.

5장

부활의 사건과 새로운 주체

알랭 바디우의 사도 바울 해석

알랭 바디우는 반플라톤주의적 존재론을 천명했던 하이데거에 반하여 플라톤적 기조를 유지했습니다. 그는 고대나 근대의 방식을 그대로 따르는 것은 아니지만 존재, 진리, 주체의 철학적 사용을 긍정합니다. 바디우는 철학이 현실의 변혁에 기여한다고 생각하기 때문에 철학자의 유토피아적 세계 구축을 긍정합니다. 우연적으로 보이는 사건이 현존의 불평등한 구조를 변혁하고 현실정치의 상투성에 도전하여 새로운 창조적인 계기를 마련한다고 보았던 것입니다. 이 사건적 진리에 충실한 주체는 이러한 계기를 현실 변혁의 단초로 활용합니다.

사도 바울은 현재의 지위를 가진 지혜로운 자들이나 부유한 자들을 폐하기 위해 어리석은 자와 가난한 자를 신이 선택했다고 말합니다(고린도전서 1:27-28). 바디우는 이 사도 바울을 현재에 사건이 개입하여 현실을 변혁하는 데 충실한 메시아적 투사의 형상으로 보았습니다.

1. 바디우의 철학과 정치적 행위

철학의 가능성과 전복성

철학이 곤경에 처한 지는 오래되었습니다. 그것은 더 이상 '진리'를 논할 지위를 잃었고 모든 것이 철학을 위한 관념의 재료라는 주장은 망상이 되었습니다. 무엇보다 하이데거의 존재론과 같이 국가사회주의의 철저한 도구로 종사한 철학은 사형 선고가 내려졌습니다. 그리고 근대철학의 동일성철학에 대한 포스트모더니즘의 비판 앞에서 주체와 진리에 대해 논한다는 것이 시대착오적으로 보이기도 합니다. 이런 상황에서 바디우는 철학이 처한 곤경의 통로를 통과하는 것이야말로 철학 본연의 역할이라고 말합니다. 이런 곤경에 처했다고 하더라도 철학이 사유해야 하는 것 자체를 잃어버린 것은 아닌데, 그 사유의 주제는 바로 "사유 불가능한 것이라는 것"입니다.[146] 말하자면 철학이 더 이상 사유 불가능하게 되었다는 사실에서 다시 사유의 단초를 놓는 일이야말로 철학의 사명이자 현재적 역할입니다.

바디우가 생각하는 철학은 인식이 아니라 행위(행동)입니다. 철학은 판별하기 위한 담론의 규칙이 아니라 행위의 단독성입니다. 여기서 행위는 기존의 의견들에 대한 맹목적인 복종을 거부할 가능성을 가르치는 행위(소크라테스의 "젊은이들을 타락시키는 것")를 의미합니다.[147] 내가 무지하다는 것을 아는 것이 왜 젊은이들을 타락시키는 정치적인 행위가 되는 것일까요? 사형선고 앞에서 아테네를 떠나지 않은 소크라테스의 행위는 어떻게 저항의 행동이 되는 것일까요? 소크라테스는 악법도 법이라고 말한 것이 아니라 오히려 어쩌면 법의 불가능성과 법의 역설을 고발하고 있었던 것이 아닐까요. 바디우는 소크라테스가 청년들이 맹목적인 복종을 거부하고 사회적 규범에 대한 의견을 새롭게 변화시켜가기를 촉구하고 있었다고 말합니다. 이것이 청년들을 타락시킨다는 소크라테스의 죄목이었습니다. "모방과 찬양을 토론과 합리적인 비판으로 대체하는 수단, 그리고 심지어는 원칙의 문제가 중요시될 때 복종을 반란으로 대체하는 어떤 수단을 부여하는 것"[148]과 같은, 말하자면 '논리적인 봉기들'이 철학의 행위입니다.

바디우는 철학의 활동적 기능은 어쩔 수 없이 다수적 의견들의 분열을 초래한다는 알튀세르의 주장에 동의합니다. 이론 활동들 사이에서 분열이 일어나는 것은 필연적인데 알튀세르에게는 그것이 유물론과 관념론 사이의 분열이고 상호 경쟁(투쟁)입니다. 마르크스주의자인 알튀세르에게는 유물론은 혁명적 틀로서 사용되고 관념론은 보수적 틀로서 사용됩니다. 어쨌든 바디우는 철학적 행위는 결단, 분리, 구별의 형식 안에서 이루어지고 이러한 행위는 일정한 규범성(진리)에 의해 위계적으로 분리된다고 생각했습니다. 즉 철학적 행위는 "기존의 질서와 낡은 위계를 전복시키는 것"입니다.[149]

철학은 새롭고 거대한 규범적 분리를 제안함으로써 모든 이론적이고 실천적인 경험들을 재조직하는 행위인데, 이러한 분리는 기존의 지적 질서를 뒤집고, 진부한 가치들을 넘어서는 어떤 새로운 가치들을 격상시킨다.[150]

그렇지만 이런 전회는 절대적이지 않으며 새로운 사건의 결과들을 "역사적 맥락의 변화"나 새로운 조건 속에서 수용하고 적용하는 것입니다. 철학자들도 새로운 지적 창조나 새로운 진리의 출현으로부터 영향을 받습니다. 이러한 시대적 조건(세기의 조건) 속에서 새로운 사건의 결과에 대한 수용을 통해서만 이에 대한 새로운 분리와 새로운 위계를 제시할 수 있습니다.[151]

철학과 정치(민주주의) 그리고 진리(보편성) 문제

바디우는 정치, 민주주의, 그리고 철학은 최종적으로 진리의 문제를 통해 연결된다고 보았습니다. 민주주의에서 철학으로, 철학에서 정치로 넘어가는 흐름이 중요한데 이것이 정치철학의 핵심입니다.[152] 민주주의적 보편성이 초월성의 속박(신/왕)으로부터의 자유를 보장하고 합리적 토론의 장소를 제공한다는 점에서 민주주의는 철학의 조건입니다. 왜냐하면 철학은 "누구나를 위한 것"이기 때문입니다. 하지만 철학(플라톤)은 의견의 자유보다 "정치적 진리의 가능성(평등)"을 문제시합니다. 말하자면 토론이 중요하다기보다 토론을 위한 공통적이고 엄격한 규칙이 중요합니다. 바디우는 이것을 "공리적·형식적 조건으로서 보편적 논리"(철학의 수학적 차원)라고 말합니다.[153] 따라서 아래와 같은 철학적 진리의 문제가 중요해집니다.

- 지적 능력의 평등이라는 철학적 원칙과의 공존 가능성.
- 진리의 보편성에 의견의 다양성이 종속된다는 철학적 원칙과의 공존 가능성.[154]

이 두 원칙은 평등과 보편성을 다루고 있는데 이는 "보편적인 것으로 요구되는 평등의 규범"[155]의 관점에서 모든 상황을 검토하는 '정의' 문제와 관련이 있습니다. 다른 말로 이것은 보편성이 특수성, 자기동일성 또는 개별성보다 더 중요함을 의미합니다. 그리고 정의는 정치의 영역에서 진리의 철학적인 이름이기도 합니다. 왜냐하면 민주주의는 개별적인 자유를 중요시하지만 결국 그 자유를 위한 평등의 정의가 우선하기 때문입니다.

철학적 관점에서 민주주의는 규범도, 법도, 목적도 아닙니다. 민주주의는 단지 대중의 해방을 위한 여러 가능한 수단 중 하나일 뿐입니다. 수학적인 강제들이 또한 정확하게 철학의 조건인 것처럼 말입니다.[156]

철학도 다수적 의견이 가능하지만 의견을 판별할 수 있는 진리의 문제가 대두된다는 점에서 민주주의의 보편성을 공유하고 있습니다. 철학과 민주주의의 조건은 서로 공유되고 있는 것입니다.

공산주의의 투사인 철학자

바디우는 공산주의야말로 철학의 형식적인 조건과 민주주의적 정치의 실존을 위한 현실적인 조건이 지탱되는 장소라고 봅니다. 이 공산주의야말로 해방적 기획과 사유의 규약이 구별되지 않는 주체적 상태입니다.[157] 민주주의는 정치적 진리가 아니라 공산주의라는 새로운 담론과 새로운 지위를 위한 조건입니다. 민주주의는 정치적 진리를 찾기 위한 수단이자 토양일 뿐입니다.[158]

> 결국 정치, 민주주의 그리고 철학 사이의 모호한 매듭의 열쇠는 정치의 독립성이 철학의 민주주의적 조건이 변모하는 장소를 창조한다는 데 있다. 그런 의미에서 모든 해방의 정치는 철학을 위해 보이건 보이지 않건 실제로 그 보편성을 완수하는 모토를 담고 있다. 그 모토는 다음과 같다. 모두가 함께이기에, 결국 모두는 공산주의자들이다! 그리고 모두가 공산주의자들이기에, 모두는 철학자들이다![159]

공산주의는 민주주의의 보편성이라는 공리에 대한 장소를 공모하는 해방의 정치입니다. 공산주의는 자유라는 이름으로 위계를 만들어내는 현실을 직시하게 하고 지속적으로 평등을 추구하면서 동시에 욕망을 제거하지 않는 보편적 단독성의 철학이기도 합니다. 이처럼 민주주의의 이상을 추구하는 공산주의자는 모두 투사이자 철학자인 셈입니다.

또한 공산주의의 기획은 수학자가 법칙을 추구하면서도 그 법을 넘어서는 것을 욕망하고, 로마서의 바울이 법과 욕망의 관계를 직시했던 것처럼, 구성 불가능해 보이는 것의 집합을 찾아내는 작업이기도 합니다.[160] 이는 정상적인 욕망의 이념을 반대하면서 "언제나 이름 없는 것의 실존을 긍정하는 욕망의 투사적 이념을 옹호"합니다.[161] 바디우는 이런 이념을 정의와 희망의 문제와 연결시키고 진리의 절차(과정)는 허구의 가능성을 상정하는 용기라고 진술합니다. 이런 용기는 법이나 욕망으로 환원되지 않으며 법과 욕망의 변증법으로 환원할 수 없는 주체성의 이름(또는 장소)의 문제입니다. 철학은 유적이면서 국지적인(보편적이면서 단독적인) 것의 관계에 대한 사유이자 그 장소를 해방하고자 하는 투쟁입니다.[162]

2. 사건과 진리, 그리고 주체

보편성과 정체성

바디우는 그의 사건과 주체 철학의 한 예시로서 사도 바울을 제시합니다. 『사도 바울』의 집필 목적은 진리를 희생시키지 않으며 다수의 존재 가운데서 사건에 의한 주체이론을 재정립하는 것입니다.[163] 바디우는 세계화 논리와 국민적 정체성은 공모 관계라고 보았습니다. 진짜 프랑스인이 된다는 것은 한 국가의 국민적인 지배 아래서 그 정체성이 규정되는 것인 만큼 이러한 정체성 규정방식은 모든 보편적 원칙에 무관심합니다. 바디우가 보기에 사도 바울은 이런 보편성과 특수성 문제 사이의 관계에 대해 깊이 질문했던 사람입니다. "유대 사람도 그리스 사람도 없으며, 종도 자유인도 없으며, 남자와 여자가 없습니다."(갈라디아서 3:28) 이 문장이 그 유명한 바울의 보편적 평등에 대한 테제입니다. 하지만 이런 보편성의 원칙에 대한 선언은 개별성을 무시하는 보편성은 아닙니다. 그래서 바디우는 바울의 보편성을 법과 연결하여 주체와 진리(사건적 진리) 사이의 문제로 설정합니다.

> 그는 보편성에 [율]법과 주체 사이의 특수한 결합 방식을 할당하는 가운데, 그러한 할당을 위해서는 주체의 편에서만이 아니라 [율]법의 편에서도 어떤 대가를 치러야 하는지를 엄격하게 자문했다. 그것은 바로 우리가 던져야 할 질문이다. 우리가 만일 진리와 주체 사이의 결합 관계를 재정초할 수 있게 된다면 진리(사건적이고 우연적인)의 편에서만이 아니라 주체(드물고 영웅적인)의 편에서 어떤 결과들을 견뎌내야 할까?[164]

바디우가 사도 바울을 차용하는 핵심적인 이유는 이처럼 유적이지 않으면서 모든 정체성이 결여된 주체에 대해 말할 수 있는 탐구 가능성을 제시하기 위해서입니다. 그것이 바로 바울의 부활사건입니다. 부활이라는 사건, 말하자면 바울의 예수 부활 사건에 대한 독특한 확신과 논의는 바울의 이전의 정체성을 무의미하게 만들고 그를 전혀 새로운 사건에 대한 주체로 세웁니다. 바디우는 진정한 보편성은 중심이 결여되어 있다는 점을 강조하기 위해 부활 사건을 도입합니다. 왜냐하면 바디우가 볼 때 사도 바울에게 있어 부활 사건은 근거가 없고 증명할 수는 없으나 자기에게는 확실한 주체적인 보편적 개별성의 문제로 다가오기 때문입니다. 여기서 이 문제를 자세하게 언급할 수는 없지만 적어도 바울의 텍스트에 대한 그의 태도는 "바울의 행동의 탈중심적 차원은 그의 사유의 실천적 하부 구조인데, 그것은 모든 진정한 보편성은 중심을 결여하고 있다는 것을 상정하고 있다"[165]라는 말에서 잘 나타납니다. 바울에게 부활 사건은 기존의 법이나 지혜(인식)와 같은 지배적인 것이 아니면서, 그렇다고 공동체적인 특수한 것에 제약을 받지도 않습니다. 따라서 바울의 진리는 새롭게 도래한 것으로서 사건적인 것입니다. 이런 점에서 그것은 구조적이지도 공리적이지도 법적이지도 않은 개별적인 특징을 갖습니다. 동시에 바울의 진리는 일정한 정체성과 관계없이 모두에게 주어지고 말 건네진다는 점에서 어떤 귀속 조건과도 무관합니다. 이처럼 바울은 보편성과 특수성을 모두 고려한 보편적 개별성으로서의 진리에 대해 천착했던 사람입니다.[166]

'사건 이후 주체'의 문제

바디우는 바울을 반철학자의 주요 인물로 봅니다. 루소, 키에르케고르, 니체 등과 같이 실존적인 변화의 상황과 관련하여 진리의 담지 문제, 즉 담론과 주체를 함께 고민했던 사람들의 선구자로 볼 수 있다는 것입니다. 바울에게 부활 사건은 주체의 '다시(새롭게) 일어남'(부활)의 사건이었습니다.[167] 바울은 자신이 사도로서 활동하는 것에 대한 공식적인 인준이 필요 없었지만 부활이라는 탈중심적 차원의 사유를 보편화하기 위해 아라비아, 예루살렘, 그 이후 소아시아, 로마 등의 다양한 장소에서 그의 주체직 활동을 시작합니다. 그의 서한들은 단순히 개인적인 개입이 아니라 정치가로서의 면모를 갖추고 있었습니다. 바울은 도시적·코스모폴리타니즘적 여행을 했다고 말할 수 있는데 이는 그가 당파나 분파의 지도자가 아닌 보편주의를 천명했음을 보여줍니다. 바울은 어떤 중개자 없이 주체적으로 활동했는데 이는 부활 사건이 그에게 미친 영향의 핵심을 차지합니다.[168]

　그렇지만 바울은 단순한 보편주의자가 아니었습니다. 유대인들에게는 유대인으로서의 모습으로 그들의 논리와 투쟁했습니다. 그는 예루살렘 공의회와 타협적이고 합리적인 관계를 유지한 정치가였습니다. 안디옥 사건(베드로가 이방음식을 먹지 않은 사건)을 통해 알 수 있듯이 그는 당시 유대인-그리스도교인을 대표하는 베드로를 질책함으로써 그의 보편적인 원칙에 대해서 주체적인 의지를 굽히지 않았습니다.[169] 또한 그는 그리스인들과는 그들의 수사학을 통해 자신의 관심사인 그리스도(메시아)라는 사건을 선언할 수 있는 확신을 어떻게 전달할 수 있을지를 고민했습니다. 유대인의 율법을 문제삼든, 그리스인의 지혜를 문제삼든, 바울은 자신의 주체적 확신을 분명하게 내비칩니다. 그런 점에서 바울은 반율법주의자이자 반철학자라고 할 수 있습니다. 그는 상황 속에 구체적으로 개입하여 그들의 언어와 사유를 관계항으로 삼아 진리(그의 복음)를 선언했다는 점을 잊어서는 안 됩니다.[170]

바울은 유대와 그리스의 주체적 담론과는 다른 주체적 형상을 제시합니다. 담론들의 체계라고 할 수 있는 유대담론과 그리스담론과는 다른 제3의 담론이 바울 자신의 사건적 담론인 '그리스도교담론'입니다. 바디우는 여기에 신비주의담론을 보태 총 4가지 유형의 담론을 언급합니다. 유대담론의 주체적 형상은 예언자의 형상이며, 신의 초월성과 예언자의 기적을 강조하는 표징담론이라고 할 수 있습니다. 그리스담론에서 주체적 형상은 지혜자 형상이며, 자연적 총체성과 이성의 역할을 강조하는 우주적 질서 담론이라고 할 수 있습니다. 바디우는 유대담론과 그리스담론은 서로 이항대립적이면서 동시에 공모적이라고 분석합니다. 유대담론은 예외적인 방식으로 그리스담론의 총체성을 결여라는 방식으로 규정하기 때문입니다. 따라서 서로 한쪽을 전제하지 않고는 독립적으로는 보편성을 확보하지 못합니다. 이에 비해 바울의 보편적인 구원론은 어떤 법이나 총체성과 관계없이 사건으로부터 온 것이므로 비-우주적이고 탈-법적인 성격을 갖습니다.[171]

바울의 담론은 유대담론(법)이나 그리스담론(지혜,철학)과 같이 지배적인 담론이 아닙니다. 바디우는 지배적인 담론을 '아버지담론'이라고 부르며, 이에 반해 바울의 담론을 '아들담론'이라고 명명합니다. 아버지담론은 복종을 요구하면서 속박을 강요하지만, 아들

담론은 탈중심적인 정초자 형상을 제시할 수 있습니다.[172] 세 담론을 대표하는 각각의 형상은 예언자, 철학자, 사도입니다. 바울은 유대인-그리스도인(예언적 지배)과 그리스-그리스도인(철학적 지배)을 단순히 종합하지 않습니다. 바울은 자신을 이들을 위한 새로운 유형의 담론 담지자인 사도라고 소개합니다. 사도는 부활 사건 안에서 부름을 받은 자입니다. 부활이라는 사건이 어떤 정황의 현재적 가능성을 열고 그것에 대해 분명한 확신을 가진 자가 사도입니다. 바울에게 부활은 "죽음과 부정성의 지배에 맞서 삶에 대한 절대적인 긍정을 사건적으로 도래시키는 것"입니다.[173] 나아가 부활은 순수 사건이자 시대의 열림입니다.

> 그것[부활]은 순수한 사건, 한 시대의 열림, 가능한 것과 불가능한 것 사이의 관계들의 변화이다. 왜냐하면 예수의 부활은 특수한 또는 기적적인 사실의 경우에서처럼 그 자체로 중요성을 갖는 것이 아니기 때문이다. 부활의 진정한 의미는 그것이 죽음(주체적 속성을 바라보는 죽음)에 대해 승리를 거둘 수 있음을 증언하는 데 있다. 따라서 우리는 끊임없이 부활을 우리의 부활과 연결시키고, 개별성에서 보편성으로, 또 그 역으로 나아가야 한다.[174]

이러한 부활 사건은 지속적으로 개별자의 조건인 개별성과 보편성의 상호운동을 가능하게 합니다. 사건은 "가능성을 규정하고 보편적 다수성"을 개방하는 것입니다. 사도는 이러한 가능성(복음)을 확신하는 자이자 선언하는 자이며 그것에 충실한 자입니다.[175] 사도인 바울의 담론은 신적인 권능을 말하지만 이것은 그리스도라는 죽음의 사건을 약함으로 규정합니다. 따라서 약함을 상징하는 십자가는 부활을 담는 질그릇일 뿐입니다. 이것은 사건적 주체가 통일성을 향하지 않고 분열적이라는 사실을 보여줍니다.

3. 진리와 주체의 분열

주체의 분열과 해방

바울의 주체는 사건적 주체이므로 진리에만 강제될 뿐 담론의 대상이 되는 것을 기각함으로써 다른 대상을 출현시킵니다. 그리스도라는 사건은 우주적 총체성을 해체하면서 헛됨의 자리(약함)를 창조합니다. 즉 '찌꺼기의 주체성'(고린도전서 4:13)을 수용합니다.[176] 유대담론과 그리스담론은 주체를 영속화하려고 하지만 그리스도 담론은 분열로 보편성을 정초합니다. 그리고 이는 문화적인 특수성을 해체하는 과정을 통해서 이루어집니다. 사건은 기존의 차이를 폐지하는 것입니다.[177] 그런 점에서 사건은 주체를 해방합니다.

부활한 아들은 모든 인류를 혈연관계로 만든다. 그것이 앎[지식]이라는 형상과 그것의 전달의 무용성을 구성한다. 바울에게 지식이라는 형상은 그 자체가 율법의 형상과 마찬가지로 예속의 형상이다. 그와 결합되어 있는 지배의 형상은 실제로 하나의 협잡이다. 지배자를 축출하

고 아들들의 평등을 정초해야 한다.[178]

바디우는 이 평등은 '하나님의 동역자'(고린도전서 3:9)라는 바울의 표현에서 명확히 드러난다고 언급합니다. 신의 동역사는 모두 평등합니다. 동역자는 노동자(프롤레타리아)의 형상이자 평등의 형상입니다. 해방을 위한 진리의 절차에 참여하는 모든 이는 평등합니다.[179] 부활 사건이 순수한 사건인 이유는 이 사건 자체가 은총(카리스)이기 때문입니다. 그것은 어떤 전통과 유산이나 교훈에도 예속되지 않고 주어진 것입니다. "사건은 이 모든 것들을 넘어서는 잉여물[잔여]이며, 순수한 증여[선물]"입니다.[180]

이 사건의 주체는 '~이 아니라 ~임'의 주체입니다. 이것은 주체가 고정된 상태의 조건이 아니라 절차의 조건과 구조에 놓여 있음을 의미합니다. 새로운 시대의 주체는 육체의 길을 중단하며 영의 길을 개방하고 선언합니다. 이는 새로운 상황에서 새로운 주체의 출현을 사건적으로 선언합니다. 이러한 분열의 형태로 보편성을 담보하는 것입니다. 그래야 폐쇄적인 특수성이나 폭력적인 보편성을 경계할 수 있기 때문입니다.[181]

죽음과 부활의 변증법과 용기

바울이 예수의 삶과 죽음에 상대적으로 집중하지 않는 이유는 삶과 죽음이 아담적인 형상이기 때문입니다. 바울은 첫째아담과 둘

째아담(예수)을 주체의 분열의 짜임으로 제시합니다. 첫째아담은 죽음의 형상을, 둘째아담은 생명의 형상을 갖고 있습니다. 따라서 바울은 둘을 비교하면서 십자가에 깃든 죽음 자체에 의미를 부여하기보다는 화해에 의미를 부여합니다. 즉 바울은 철저하게 죽음을 통한 화해와 부활의 사건적 작용인 '구원'(소테리아)을 구분합니다. 죽음을 통한 화해는 사건이 발생하는 거점을 마련하여 사건이 개입할 수 있는 여건을 제공합니다. 결국 부활은 사건 자체이지만 죽음은 상황 속에서 작용하면서 사건의 거점 역할을 합니다. 결국 바디우의 해석에 따르면 바울의 구원은 죽음이라는 매개를 필요로 하지 않습니다. 즉 변증법과는 무관합니다.[182]

그렇다면 바울이 죽음의 상황 가운데서도 부활 사건을 선언할 수 있었던 이유는 무엇일까요. 그것은 어떤 상황에서도 "예" 할 수 있는 용기(고린도후서 1:19) 때문입니다. 바울은 "죽음과 부정성의 지배에 맞서 삶에 대한 절대적인 긍정을 사건적으로 도래시키는 것"을 선언하는 용기를 보여줍니다.[183] 그래서 바디우에게 있어 바울의 그리스도의 사건은 긍정적 작용을 하는 부활에만 해당합니다. 부활은 "죽음의 힘[권능] 밖으로 갑자기 돌출하는 것이지, 죽음에 대한 부정을 통해 이루어지는 것이 아닙니다."[184] 주체는 죽음을 향한 존재가 아니며 죽음은 주체의 분열적 계기(거점)일 뿐입니다. 죽음의 길에서 주체는 분열을 경험합니다. 주체는 개별적인 상황에서 긍정적인 것을 빼내려는 몸짓에서 진리의 보편주의를 추구합니다.[185]

은총의 유물론

율법은 죽음의 이름 중 하나이므로 진리의 주체는 가장 먼저 이것과 맞서 싸웁니다. 여기에 사건은 아무 이유없음의 체계 또는 절대적인 무상의 구조 속에서 모두에게 말 건넴의 형식으로 다가옵니다. 이것을 바디우는 '은총의 유물론'이라고 부릅니다. 은총이 넘치므로 율법의 죽음을 넘어설 수 있습니다. 율법이 규정하는 죄는 자율성과 자동성으로서의 욕망의 삶인데 주체가 죽음의 배치 구조 속에서 벗어나려면 율법과 단절할 수밖에 없습니다. 율법과 단절할 수 있는 길은 부활 사건에 대한 믿음(피스티스)으로서만 가능합니다. 은총의 유물론이란 율법을 초월적 외부의 힘에 의해서가 아니라 모두를 위하는 은총의 유물론적 단일한 구조 안에서 극복하는 방식입니다. 바디우는 다음과 같이 은총의 유물론의 구조를 잘 보여줍니다.

> 정리1. 오직 모두를 위한 일자와 같은 것이 있으며, 이는 율법이 아니라 사건으로부터 유래한다.
>
> 정리2. 율법과 상관없는 우연으로서의 사건만이 그 자체를 넘어서는 다수성, 즉 유한성을 넘어설 가능성을 도래하게 할 수 있다.
>
> 정리3. 율법은 주체를 사유의 무력함으로 구성한다.
>
> 정리4. 구원의 문자, 또는 진리 절차를 위한 문자적 형태는 존재하지 않는다.
>
> 정리5. 주체는 그 자신이 과정을 지탱하는 진리의 보편적 전달의 비문자적 법으로 삼는다.

정리6. 어떤 진리에 힘을 주고 그에 대한 주체적 충실성을 결정하는 것
은 사건에 의해 정립된 자신과의 관계가 모두에게 전달된다는
점이며 그 관계 자체가 아니다(투사의 정리).

정리7. 진리의 주체적 과정은 그러한 진리에 대한 사랑과 동일한 것이
다. 그리고 그러한 사랑의 투사적 실재는 그와 같은 진리를 구
성하는 모두에 대한 전달이다. 보편주의 물질성은 모든 진리의
투사적 차원이다.

정리8. 자체의 지속이라는 명령과 관련해 주체는 그를 구성하는 사건
의 일어남이 보편적이며, 따라서 그에게 실질적으로 관여한다
는 사실을 통해 자신을 지탱할 수 있다. 단독성은 보편성이 존
재하는 한에서만 존재한다. 그렇지 않다면 진리를 벗어난 특수
성만이 존재할 수 있을 뿐이다.[186]

바울은 은총의 사건에 대한 공적인 선언을 믿음으로 보며, 사랑
은 믿음으로 가능합니다. 이는 믿음과 사랑은 사건적 충실성이라
는 말로서 진리의 법이 되는 것입니다.[187] "믿음이란 참된 것에 대
한 열림일 것이고, 사랑은 그러한 여정을 보편화하는 실질성일 것
이며, 마지막으로 희망은 그러한 여정 속에서의 확고부동함이라는
준칙일 것입니다."[188] 믿음은 가능성이라면 사랑의 임무에 의해 그
것이 수행될 수 있고 주체의 보편적인 힘을 획득할 수 있는 구원의
능력이 됩니다. 투사적인 사랑에 의해서만 해방(구원)이 도래합니
다. 즉 다시 사건으로 출현합니다(정리7).

이에 비해 소망은 사건들을 연결하여 주체적인 사랑의 힘이 지

속될 수 있도록 시련을 이겨낼 수 있게 합니다("환란 가운데서 인내…소망을 낳는다", 로마서 5:2-5). 바디우는 소망이야말로 시련을 이겨낼 수 있게 하는 "승리한 충실성에 대한 주체성" 또는 "충실성에 대한 충실성"이지 인내한 결과의 소산이 아니라고 말합니다.[189] 소망은 보편성에 대한 "승리의 주체적 양태"[190]라고 말할 때도 이런 의미입니다. 주체는 소망을 보편성의 승리라는 이름으로 지속적으로 환기시키는 자입니다. 그의 존재양식 자체가 소망(해방적 계기)을 현재에서 구현합니다. 즉 충실성에 의한 투사적인 국지적 노력을 보편적이게 하는 참된 것의 보편성의 노동을 지금 여기서 지속하는 소망입니다.

4. 코뮌적 주체

바디우의 정치적 사건이란 마르크스주의의 생산력의 물적 구조 같은 것을 상정하지 않으면서 무로부터 만들어내는 집합적, 주체적 창조행위를 뜻합니다. 이는 곧 정치적 주체의 역할이 중요하다는 것을 의미합니다. 바디우는 상황 속에서 그 상황과 단절하면서 보편적인 규범인 준엄한 평등에 호소합니다. 이 평등은 인민의 일반의지가 반영된 만장일치의 정치적 주체에 의한 정치의 기초가 됩니다. 바로 상황 속 보편주의의 장소를 발명하는 주체입니다. 이러한 주체를 긍정하는 과정에서 바디우는 칼 슈미트의 독재론에 동의하는 듯합니다. 이른바 인민의 주권적 권위(입법자)는 법보다 우

위에 있습니다(그런 점에서 바디우는 루소주의자라고 주장하는 크리츨리의 주장은 일리가 있다).[191]

물론 이 독재의 형태는 전제주의가 아니라 '시민적 규율'(citizenry discipline)로서 프롤레타리아 독재를 지시합니다. 결국 인민은 집합적 주체의 사건에 대한 충실한 행위를 통해 주권적 권위를 실행하고 완수해야 한다는 점에서 정치는 코뮌일 수밖에 없습니다.[192] 하지만 사건은 하나의 유일한 사건으로 종결되지 않고 주체의 개입에 의해 지속적으로 유지되고 갱신됩니다. 이를 주체의 충실성이라고 하는데 이는 사도 바울의 부활에 대한 믿음에 상응하는 개념입니다. 그리고 주체의 충실성에 의해 상황 속에서 구축되는 '보편적' 진리는 개념이나 논리가 아니라 상황에 파열을 내면서 개입하는 사건적 질서 같은 것입니다.

더 읽을 만한 책

알랭 바디우, 『존재와 시간』, 조형준 옮김, 새물결, 2013.

알랭 바디우, 『윤리학』, 이종영 옮김, 동문선, 2001.

알랭 바디우, 『메타정치론』, 김병욱·박성훈·박영진 옮김, 이학사, 2018.

알랭 바디우 외, 『인민이란 무엇인가』, 서용순 외 옮김, 현실문화, 2014.

피터 홀워드, 『알랭 바디우: 진리를 향한 주체』, 박성훈 옮김, 도서출판 길, 2016.

슬라보예 지젝 외, 『민주주의는 죽었는가』, 김상운 외 옮김, 난장, 2010.

6장

메시아적 시간과 남은 자

조르조 아감벤의 시간 이해와 분할적 주체

아감벤의 메시아주의는 기본적으로 유대 메시아주의적인 독법에 가깝습니다. 그는 한 축에는 벤야민의 '지금의 시간'에 대한 관점을 많이 수용하고 있고 또 다른 한 축에는 그노시즘(영지주의)의 시간 이해를 참조합니다. 이는 모두 억압받는 자의 형상, 즉 잔여적 주체(남은 자)를 어떻게 규정할 것인가의 문제와 연관이 있습니다. 왜냐하면 연대기적 시간 이해를 넘어 사건적 시간 이해를 통해서만 억압받는 자의 혁명에 대해 논할 수 있다고 보기 때문입니다. 직선적 시간 이해에는 단절을 만들어낼 틈이 존재하지 않기 때문에 시간 자체에 대한 이해가 실천적 맥락과 괴리가 있다고 보는 것입니다. 그래서 아감벤의 메시아적 시간은 기본적으로 단절적인 시간 이해를 추동하는 동시에, 남은 자 형상을 현재의 시간 안에서 사유할 수 있는 가능성을 추구하는 개념입니다.

1. 역사와 시간 개념

아감벤에 의하면 모든 역사개념은 특정한 시간 경험과 긴밀한 연관성이 있고 이 시간 경험에 의해서 역사를 주조합니다. 그에게 세계의 변혁이란 시간 개념을 새롭게 함으로써 새로운 시간 경험을 가능케 하는 문제이기도 합니다. '세계를 변화시키는 것'은 '시간을 변화시키는 것'이라고 말할 정도입니다.[193] 아감벤은 역사적 유물론의 혁명적 실패는 자신의 사유방식에 맞는 시간 개념을 창조하지 못한 데 있었다고 지적합니다. 곧 역사에 대한 혁명적 개념을 전통적 시간 경험과 결합해버림으로써 시간을 점들로 구성된 동질적인 연속체로 보는 우를 범했다는 것입니다.[194] 아감벤은 혁명적 시간에 대한 사유의 모델로 벤야민의 시간 개념을 제시합니다. 벤야민의 『역사개념에 대하여』가 마르크스주의의 역사개념을 메시아적인 시간의 차원에서 새롭게 이해하는 계기를 마련했다고 보는 것입니다.[195] 간략하게 아감벤이 비판하는 시간 개념들의 내용을 먼저 살펴봅시다.

시점과 양으로서의 시간 이해의 한계

아감벤은 아리스토텔레스가 시간을 무한한 양적 연속체로 이해한 점이 문제의 시발점이라고 봅니다. 고대 그리스인들은 시간을 '자연학'의 주제로만 다룸으로써 시간을 사물처럼 이해하려 했습니다. 즉 한 사물이 한 장소를 차지하듯이 시간도 한 시점 위에서 존재한다는 식의 이해입니다.[196] 이러한 역사적 시간에 대한 개념의 문제점은, 시간은 한 시점을 흘러가면서 연속체로 존재하는 것이므로 항상 거기에 있었음에도 불구하고 우리 눈에 띄지 않게 있었던 것을 체험된 시간 즉 역사 경험으로부터 배제하는 결과를 낳고 말았다는 것입니다.[197]

아감벤은 기독교의 시간을 신성한 것의 차원에서 봅니다. 이것이 기독교의 시간 경험이 어떤 차원에서는 그리스의 원환적(순환적) 시간 이해와는 반대이면서도 질적으로는 큰 차이가 없는 이유입니다. 기독교의 시간 이미지는 직선인데 이는 시간이 하나의 방향이 있다는 것을 의미합니다. 아우구스티누스는 시간의 토대에 신이 있기 때문이라고 설명하면서 인간이 그 시간을 내면적으로 체험하는 점을 부각시킵니다. 이는 인간이 신의 시간 이해를 체화한다는 것을 의미하기 때문에 원리적으로 시간을 연속체로 이해하고 있다고 하겠습니다.[198] 아감벤은 기독교가 신플라톤주의를 수용하고 스콜라철학에 와서는 신성의 영원한 척도인 부동의 원환(수레바퀴)이라는 구도에서 시간을 이해함으로써 시간에 대한 인간의 경험을 무력화 시켰다고 비판합니다.[199]

근대의 시간 개념은 기독교 시간 개념의 세속화 버전이라고 할 수 있습니다. 즉 시간은 동질적이면서 직선적이고 공허한 시간 표상을 갖습니다. 이는 근대의 노동관과 과학적 시간 이해와 관련이 있습니다. 근대의 시간은 직선적인 시간 이해를 바탕으로 하고서도 기독교의 목적(방향)을 제거함으로써 '지금' 시점에 대한 의미를 묻는 것이 불가능해졌습니다. 그래서 시간에 대한 발전과 진보를 바탕으로 하는 역사의식을 도입하지 않을 수 없었던 것입니다. 이는 근대가 아이러니하게도 근대의 세속화의 의미를 확보하기 위해 시간에 연속적이고 무한한 과정이라는 표상을 도입했음을 의미합니다.[200]

헤겔은 아리스토텔레스의 시점 모델을 수용했는데 그것이 헤겔의 '지금'(Jetzt)이라는 말입니다. 헤겔은 '지금'을 점으로 이해하면서 '지금'은 '무로 이행해가는 존재, 존재로 이행해가는 무'에 다름 아니라고 했습니다. 헤겔의 이러한 시간 이해는 시간에 대한 '부정의 부정'의 형식으로서 "자신이 아닌 상태로 존재하고 자신인 상태로는 존재하지 않는" 인간의 부정적 존재 양식과 통합니다.[201] 이는 헤겔이 시간을 공간의 부정이자 변증법의 지양으로 파악했음을 의미합니다. 아감벤은 이러한 시간 이해도 결과적으로 시간에 대한 경험의 무화를 의미한다고 평가합니다.[202] 헤겔에게 시간은 '정신적 필연성이자 운명'이기 때문에 역사 전체 과정 안에서의 외화(실현), 즉 '외화된 정신의 시간'입니다. 헤겔에게 역사는 절대정신의 단계적 진행이자 과정에 지나지 않으며 시간의 외화도 이런 단계에서 결국 절대정신의 자기 회귀로 이해됩니다.[203]

마르크스는 인간정신을 시간-내-존재를 표현하는 수준을 넘어서 인간을 순수한 개인도 아니고 추상적인 보편자도 아닌 '보편적 개인'이라는 유적 존재로 이해합니다.[204] 그가 이해한 역사는 헤겔의 부정의 부정이라는 선형적인 시간 경험이 아니라 인간의 본질과 근원인 구체적인 활동성, 즉 실천(praxis)에 의해 규정됩니다. 다시 말하면 실천이야말로 인간의 능동적인 시간 경험으로서의 역사적 행위라는 것입니다.[205] 마르크스는 시간을 실천을 통해 경험한다는 점을 인식했습니다.

> 인간은 시간 속으로 빠져들기 때문에 역사적인 존재가 되는 것이 아니다. 오히려 그와 정반대다. 오직 그가 역사적 존재이기 때문에 인간은 시간 속으로 들어갈 수 있는, 자신을 시간화할 수 있는 존재이다.[206]

그럼에도 아감벤의 생각에는 마르크스 역시 그 자신의 사상에 걸맞은 시간 이해를 성취하지 못했습니다. 진리는 항상 역사의 전체과정이므로 실천적으로 구체적이고 고유한 역사를 전유하기 불가능할 것이기 때문입니다.[207]

중단과 해방 그리고 사건적 시간 이해

아감벤에게 서구의 시간 구상은 그것이 순환적이든 직선적이든 관계없이 시점성을 강조함으로써 동일한 무늬를 갖습니다. 시점이 형이상학의 영원성이 인간의 시간 경험에 들어오는 입구 역할을 하면서 시간 경험의 붕괴를 초래했다고 봅니다.[208] 그럼에도 서구 역사에서 독특한 시간 이해를 가진 사상이 있었는데, 아감벤은 그노시즘과 스토아학파의 시간 개념에 주목합니다. 그노시즘적 시간의 핵심은 기독교의 직선적 시간 이해와는 반대로 '끊어진 선'이라는 공간적 모델을 따릅니다. 즉 시점을 통해 이해하는 공간적 모델인 연속적 시간인 지속에 문제를 제기합니다. 이는 고대 _그리스_의 우주적 법칙으로서의 시간을 중단시키고, 기독교의 미래적 부활("부활은 일어났고 계속 일어나고 있다")을 지금 현재에 여기서 반복적으로 일어나도록 하는 사건의 시간 개념이라고 할 수 있습니다. 역사에서 '중단의 연속 안에 놓인 시간'이자 동질적이지 않은 시간은 그노시스의 혁명적 태도를 엿볼 수 있습니다.[209] 왜냐하면 기성의 관성적 시간의 지속이 중단된 시간이 출현하기 때문입니다. 스토아철학자들은 시간을 객관적인 것이 아니라 인간의 행위와 결단에 의해 생겨난다고 사유했습니다. 이러한 시간 개념은 아감벤이 볼 때 결정이 기회를 붙잡아서 한순간 삶을 가득 채우는 직접적이고 돌발적인 일치의 시간, 즉 카이로스적 시간 모델에 기초합니다. 카이로스 안에서 자기가 시간의 주인이 되고 양적인 시간의 노예상태에서 해방되어 본래적 삶을 가꾸도록 하는 시간인 것입니다.[210]

벤야민의 『역사 개념에 대하여』와 하이데거의 『존재와 시간』은 모두 연속적이고 양적인 시간 이해에 대한 비판적인 내용을 담고 있습니다. 벤야민은 유대-메시아주의적 직관에 의존해서 공허한 양적 시점에 반대하여 '지금-시간'(Jetzt-Zeit), 즉 "인류 전체의 역사를 약어 속에 응축시키는 사건들의 메시아적 정지 상태"를 맞세웁니다. 그는 연속체로서의 시간을 중지시키지 못한 사회민주주의와 역사주의의 표상은 동질적이고 공허한 시간 표상에만 기대고 있으므로 진정으로 혁명적일 수 없다고 보았습니다.[211] 하이데거는 참된 결단의 순간으로서의 결단 속에서 현존재는 자신의 유한성을 경험한다고 했습니다. 인간은 스스로 마음씀(Sorge)이라는 시간성에 대한 기투를 통해 본래적 역사성의 운명을 받아들입니다. 이는 시간 속으로 빠져듦을 의미하지 않으며 '근원적인 시간화로 존재하는 것'입니다. 이는 인간이 자신의 현존재 속에서 달려나가는(세계-내-로) 동시에 미래를 향한 상태로 존재하기에 그 자신의 고유한 피투성을 떠맡고 있을 뿐만 아니라 (순간적으로) '자신의 [미래적] 시간을 향하여 존재할 수 있습니다.[212] 특히 하이데거의 생기(Ereignisse, 사건)는 시공간적 차원에 의해 규정될 수 없고 근원적 차원의 개시를 통해 인간의 역사성에 발현됩니다. 이런 점에서 아감벤은 통속적인 역사주의의 시간 개념과는 다른 마르크스주의의 혁명적 시간과의 접점을 그노시즘과 스토아철학을 거쳐 벤야민과 하이데거의 시간 이해에서 발견합니다.

카이로스적 시간과 향유적 시간

아감벤은 통속적인 역사주의적 시간은 공허하고 지나치게 목표지향적이어서 완성된 향유를 추구하도록 한다고 지적합니다. 그가 추구하는 시간은 카이로스적 시간을 크로노스적 시간에 맞대응시켜 본래적 향유를 구제하는 시간입니다. 본래적 향유는 시간의 완성이기도 합니다. 향유의 시간이야말로 지배적인 이데올로기적 시간 개념을 넘어서 시간 자체의 몰입으로부터 해방시키며 인간의 자유로운 결정의 순간에 적절한 기회를 거머쥘 수 있게 하는 카이로스적 시간입니다.[213] 아감벤에게 있어 진정한 유물론자는 무한한 선형적인 시간 속에서 연속적인 진보라는 허약한 가상을 추구하는 자들이 아닙니다. 유물론자라고 한다면 명실공히 인간의 근원적인 고향인 향유를 매순간 회상할 수 있도록 목적성의 연속성을 언제든지 정지시킬 수 있는 시간 개념을 가질 필요가 있다는 것입니다. 진정한 혁명의 시간에 대한 경험이란 바로 지금-여기서 경험할 수 있다는 것을 의미하기 때문입니다.

> 어떤 혁명이 새로운 연대기를 배태하는 것이 아니라 시간의 질적 변화를 몰고 온다면 그 혁명은 최고도로 심대한 결과를 초래할 것이며 반동 세력이 결코 재탈환할 수 없는 유일한 혁명일 것이다. 향유를 통한 정지상태 속에서 자신의 근원적 고향인 역사를 늘 잊지 않고 있는 사람은 매순간 다음과 같은 것을 요구할 것이다. 즉 자신은 참된 혁명가이자 참으로 선견지명이 있는 자로서 새로운 천년이 도래할 때가 아니라 바로 지금, 모든 억압으로부터 해방된 사람임을 보장해줄 것임을 말이다.[214]

아감벤은 진정한 혁명이 시간의 질적인 변화를 가능케 한다고 보고 있습니다. 시간에 대한 이해는 혁명이라는 물음형식과 맞닿아 있으며 그 형식에 적합해야 합니다. 아감벤은 시간에 대한 향유의 형식이 이 둘을 절합한다고 주장하고 있는 것입니다.

2. 바울의 시간 이해와 분할적인 주체

아감벤은 자신의 책 『남은 시간』에서 바울의 메시아적 시간을 카이로스적 시간의 전형적인 예로 제시합니다. 이 책은 바울의 메시아적 시간과 '남은 자' 개념을 통해 역사적 시간의 패러다임 문제를 다루며, 하나의 동일한 시간으로 환원되지 않고 분절화되는 유물론적 시간의 가능성을 논합니다. 이는 혁명적 사유의 새로운 가능성을 모색하는 작업입니다. 『남은 시간』은 로마서를 철학적으로 주석하는 책이라고 말할 수 있는데, 아감벤이 바울의 로마서에 주목하는 이유는 로마서가 메시아적 시간을 해명할 수 있는 문헌이라고 보기 때문입니다. 그는 로마서가 제시하는 메시아적 시간 구조가 내포하고 있는 기억과 희망, 과거와 현재, 충만과 결여, 기원과 종말과 같은 특수한 결합방식으로 관계하는 아포리아를 살핌으로써 독특하고 질적으로 다른 시간 개념을 분석합니다.[215] 우리는 바울에게서 메시아적 시간 개념, 즉 '지금-시간'(ho nyn kairos, 호 뉜 카이로스)이라는 시간에 대한 의미와 그 내적 형식을 다시 이해할 수 있는 단초를 발견할 수 있는 것입니다.

바리새파 바울과 분할의 문제

바울을 보편주의의 관점에서 해석하는 알랭 바디우의 견해와 달리 아감벤은 바울의 복합적 정체성의 분할적 위치(디아스포라 유대인)에 관심이 많았다고 볼 수 있습니다. 바울은 토라 전통을 구전 전통에서 존중하는 바리새파이기도 했지만 동시에 로마인이기도 했습니다. 바울은 정통파 유대인으로서 율법을 존중했지만 그 율법을 문자적으로 따르는 대신 메시아적 복음을 고지하는 형태로 다른 형식을 취합니다. 아감벤은 이러한 바리새파의 '파리세(분리)적 분할'을 메시아적 분할을 재차 분할하는 '아포리스메노스(구별)의 분할'이라고 칭합니다.[216] 즉 율법을 다른 형태로 전환하는 것이 아니라 '육체와 영'으로 분할하는 것입니다. 바울은 유대와 이방의 분리가 아니라 육체와 영을 분할함으로써 기존의 정체성을 문제 삼습니다. 바울의 육체와 영의 분할은 단순히 이분법적 분할이 아니라 보편성과 특수성의 이분법을 불가능하게 하는 새로운 분할입니다.

바울의 이러한 분할은 벤야민이 『파사주론』에서 제시하는 아펠레스의 절단과 비슷합니다. 프로토게네스가 인간의 붓으로는 불가능한 가는 선을 그렸는데 아펠레스는 그 선을 다시 분할하는 선을 그었습니다. 메시아적 분할은 이러한 아펠레스 절단과 같습니다. 메시아적 분할에 의해 유대인은 '보이는 유대인(육체에 따른 유대인)'과 '보이지 않는 유대인(영에 따른 유대인)'으로 분할됩니다. 비유대인도 동일한 방식으로 그렇게 분할할 수 있습니다. 이 절단을 통해 메시아적 분할은 '전체(보편)'와 '부분(특수)'의 구분을 분할한 것이므로 전체도 부정하고 특수도 부정합니다. 즉 이분법적 분할을 부정하여 결과적으로 잔여(남은 자)를 도입합니다. 이 '분할의 분할'로서의 잔여는 자기동일성(자기정체성)을 확정하는 방식으로는 더 이상 구분이 불가능한 존재입니다. 그런 점에서 잔여는 일종의 수량적인 부분이나 실수적인 실체를 갖는 나머지(원소)와는 다릅니다. 이는 일종의 분할적 힘을 새롭게 무화하는 새로운 분할의 형식을 도입하는 것입니다.[217] 그리고 이러한 분할은 보편과 개별의 논리뿐만 아니라 존재론 또는 정치적으로 전혀 새로운 접근을 형식화하는 것이라고 말할 수 있겠습니다.

아감벤은 국가의 폐지를 선언하는 공산주의와 아나키스트적 관점은 보편적인 것이 자기를 초월해 있다고 주장을 한다는 점에서 이 관점들에 동의하지 않습니다. 보편적인 것은 초월적인 원리가 아니라 분할 자체를 분할하여 그 작동을 무력화함으로써 최종적인 경지에 도달하지 못하도록 하는 조작에 불과하기 때문입니다. 아감벤에게는 보편적 유대인이나 그리스인의 원리나 목적으로서의 보편적인 인민은 존재하지 않습니다. 오히려 유대인이든 그리스인이든 자기 자신과 동일시할 수 없는 불가능성만이 존재할 뿐입니다.[218] 바울은 신의 은총에 의해 선택된 남은 자들이 있다고 말하는데, 이는 유대의 예언자 전통에서 이미 발견되는 개념으로, 여기서 남은 자들은 전체도 부분도 아니며 전체적으로 또는 부분적으로 그 자체와 그것들 사이의 일치의 불가능성입니다. 여기서 이러한 불가능성은 '분할의 분할'이 최종적이라는 의미이며, 남은 자들이 현재 존재한다는 점에서 미래의 이념이 아니라 메시아적인 '지금'이라는 현재적 경험입니다.[219]

메시아적 남은 자[220]

아감벤의 '남은 자' 주체 개념은 찌꺼기 주체 개념과도 연결됩니다. "우리는 지금도 이 세상의 쓰레기처럼 인간의 찌꺼기처럼 살고 있습니다."(고린도전서 4:13) 여기서도 주체에 대한 자기동일성의 주장이나 본래성에 대한 논의는 자리 잡을 수 없습니다. 이 찌꺼기 주체는 '마치 ~처럼'을 폐지하며 끊임없이 유사한 것에 머물러 있으려고 하는 주체에게 기회를 주지 않기 때문입니다.[221] 따라서 찌꺼기 주체는 예외이자 일종의 돌출입니다. 돌출은 단순한 통제 불가능함을 의미하는 것이 아니라 '포함적인 배제(inclusive exclusion)'의 의미입니다.[222] 예외가 돌출인 이유는 바울이 남은 자를 도입해서 유대인과 비유대인의 구분을 식별불가능하게 했을 뿐만 아니라 율법의 내부자와 외부자의 구분도 적용불가능하게 했기 때문입니다. 이런 점에서 바울에게 남은 자란 역설적으로 강요된 예외적 존재입니다. 이 남은 자는 율법에도 적용되지 않음으로써 적용되는 존재이며, 그래서 내부에서나 외부에서도 알 수 없는 예외상태의 조건을 심화시키는 존재입니다.[223]

이런 관점에서 아감벤의 찌꺼기 주체 개념을 이해한다면 남은 자, 즉 찌꺼기 주체는 비활성적인 수행불가능성의 주체라고 말할 수 있습니다. 아감벤은 바울의 '율법의 폐지와 완성'이라는 역설적인 구조를 빌려와 이를 설명합니다. 메시아적인 것은 율법을 파괴하는 대신 비활성화 시키고 수행불가능하게 만든다는 것입니다.[224]

율법이 폐기되지 않고 성취되는 것이 가능한 순간은 율법이 '가능태의 비활성화 상태'로 되돌려져 있을 때입니다. 즉 메시아의 출현은 율법을 비활성화시킴으로써 율법을 성취합니다. 이 비활성화는 무화되는 것이 아니라 그 성취를 위하여 보존 및 유지됩니다.[225] 율법은 성취됨으로써 더 전진합니다. 율법의 폐지는 그것과의 완전한 단절이 아니라 비활성화의 상태를 선언하는 것이고 메시아적 잠재태가 작동하게 하는 것입니다. 여기서 율법 내부에도 속하지 않고 외부에도 속하지 않는 상태 또는 그런 존재에 대한 논의가 가능해집니다. 율법을 비활성화 시켜 율법을 성취한다는 것은 오직 메시아적 잠재력에 의해서만 가능합니다. 이런 측면에서 율법을 성취하는 것은 율법에 귀속되지 않으면서 율법을 성취하는 비활성적이고 수행불가능한 주체를 세웁니다. 이러한 비활성적 무위(déoeuvrement)에 찌꺼기 주체가 자리하고 있는 것입니다.

아감벤은 바울의 메시아적 남은 자들의 지위를 상정할 때 무국적자들에 해당하는 '자유롭지 못한 비(非) 노예'라는 특별한 집단을 상기시키는데, 아감벤의 찌꺼기 주체에도 이런 불안정성의 공백이 존재합니다. 그러나 이 불안정성은 사건을 촉발시키는 바디우의 능동적인 공백과는 다릅니다.[226] 따라서 아감벤에게 있어 찌꺼기 주체는 단지 배제당한 자라는 특수를 의미하는 것 이상입니다. 잔여들의 존재는 보편과 특수의 이분법적 구분의 거짓을 폭로하고 그러한 정체를 비활성화 시키는 독특한 주체입니다. 아감벤의 『호모 사케르』에서 이 찌꺼기 주체는 주권 권력에 포획되면서 그렇기 때문에 예외상태로 존재하는 생명정치 조건 하의 '벌거벗은 생명'으로 규정됩니다. 호모 사케르는 정치적 권력을 박탈당하지만 법이라는 장치를 유지하고 작동하게 하는 예외상태를 만들어낸다는 점에서 시민도 아니면서 노예도 아닌 '살아 있지만 죽은 존재'입니다.[227] 아감벤의 '벌거벗은 생명'에서 우리가 주목해야 할 것은 이런 존재가 곧 주권권력 장치를 동시에 고발하고 있다는 점입니다. 찌꺼기 주체로서 호모 사케르의 존재는 주권자의 권력이 벌거벗은 생명이 아닌 시민에게만 작동하고 있음을 정당화하는 수단으로만 사용될 뿐이기 때문입니다. 이것은 역으로 잔여적 주체야말로 동일성을 강요하는 불합리한 정체와 주권권력을 고발합니다. 따라서 아감벤에게서 우리는 주권자와 주권자의 국가 또는 폴리스를 비활성화시키는 '분할의 분할'의 주체, 즉 새로운 아나키적 주체를 만나게 됩니다.[228] 인민은 전체도 아니며 부분도 아닙니다(다수파도 소수파도 아닙니다). 오히려 전체로서도 부분으로서도 자신을 일치시킬 수 없는 자이자, 모든 분할 내에서 무한히 남아 저항하는 존재입니다. 남은 자야말로 유일하게 현실적이자 정치적인 주체인 셈입니다.[229]

3. 아감벤의 메시아적 시간

메시아적 시간과 종말론적 시간의 차이

아감벤이 바울의 메시아적 시간 이해를 로마서의 분할적 사유를 통해 먼저 논증한 점에 주목해야 합니다. 바울이 로마서를 통해 제시하는 주체는 분할 자체의 잠재성을 유지하는 정체성에 환원되지 않는 잔여적 주체입니다. 이것을 가능케 하는 시간이 메시아적 시간입니다. 이런 관점에서 보면 아감벤의 메시아적 시간은 완결을 의미하는 종말론적 시간이 아닙니다. 메시아적 시간을 고지하는 자는 미래를 향하는 예언자가 아니라, 지금 여기서 메시아적 사건을 고지하는 사도입니다. 예언은 성취를 목적으로 하지만 사도의 고지는 폐쇄를 향한 내적 긴장을 유지하고 있습니다.[230] 사도의 언어는 미래를 향하지 않고 현재에서 실행되는 '지금 이때'라는 현행적 언어입니다. 따라서 메시아적 시간은 시간의 끝에 관한 것이 아닙니다. 메시아적인 것은 시간의 종말이 아니라 종말의 시간입니다.

사도의 관심사는 시간이 끝을 맞이하는 최후의 날이 아니라 스스로 수축하고 종말을 시작하는 시간입니다. 즉 시간과 시간의 종말 사이에 남은 시간이라고 할 수 있습니다. 사도가 관심을 갖는 시간은 바로 이 남은 시간이며, 이 시간을 메시아적 절단을 통해 '시간의 분할 그 자체'가 분할된 시간이라고 이해할 수 있습니다. 아감벤은 메시아적 시간을 종말론적 시간으로 이해해서 메시아적 시간의 특수성을 오해하는 잘못을 수정하려고 하는 것입니다.[231] 바울이 말하는 메시아적 시간은 파루시아(미래적 시간)라는 메시아의 완전한 임재가 완성되기까지 '지금 이때'에 지속되는 의미의 응축된 (수축된) 시간입니다. 이 시간은 미래적 시간이 현재에서 내파되는 것을 의미합니다. 끝나기 시작하는 시간으로서의 응축된 시간이 메시아적 시간입니다. 따라서 그 시간은 영원을 현재에서 폭발시키는 시간이며, 그 시간은 현실 안에서 현재에 현실태와 다른 선을 만들어냅니다.[232] 이는 곧 잠재태로서의 시간입니다.

시간의 내파는 세속적 시간 속에서 전적인 내적 전환을 통한 수축의 영향 때문에 발생합니다. 다시 말해서 메시아적 시간은 세속적 시간과 영원에 의해 분할된 구간을 분할한 남은 것의 위치로서의 시간입니다. 이러한 분할의 과정에서 우리가 알 수 있는 것은 시간 표상과 사유, 그리고 시간 이미지와 시간 경험 사이의 애매성과 공백이 드러난다는 점입니다. 메시아적 시간은 세속의 시간의 일부이지만 변형된 수축의 형식으로(또는 이질적인 것과 함께하는 방식으로) 부적절하게 재현됩니다.[233]

시간을 직선으로 표상하고 시간의 종말을 점선적 순간(punctual instant, 시간을 엄수하는 순간)으로 표상한다면, 결국 어떤 것을 완벽하게 '표상 가능'하지만 절대로 '사고 불가능'하게 됩니다. 정반대로, 시간의 실제적인 경험에 관해 성찰한다면, 결국 어떤 것을 '사고 가능'하지만 두 개의 아이온 사이에 위치한 분면으로 이미지화하는 것이 분명하다고 하더라도 이는 남아 있는 시간의 경험에 대해, 종말을 끝내기 시작하는 시간에 대해 우리에게 아무것도 말해주지 않습니다.[234]

아감벤에게 공간적 차원에서 시간을 이해하는 것, 즉 공간적 표상들인 점, 선, 분면(segment) 등의 표상으로 시간을 경험하는 것은 시간에 대한 살아 있는 경험을 사유하지 못하도록 하는 오류를 강제하는 것입니다. 그래서 종말(eschaton)과 메시아적 시간에 대한 혼동이 일반화 됩니다.[235]

조작적(operational) 시간

아감벤은 메시아적 시간에 대한 이해를 돕기 위해 구스타브 기욤의 '조작적 시간'(지성이 시간 이미지로 현실화 하도록 하는 시간)을 제시합니다. 조작적 시간은 시간의 경험은 존재하지만 그럼에도 표상을 갖지 않는 시간입니다. 표상하기 위해서는 동사 시제인 과거-현재-미래라는 무한의 직선인 공간적 구성물에 의존해야 하는데 이것을 '시간-이미지'라고도 할 수 있습니다. 시간-이미지는 최종적으로 구성된 상태만 드러내기 때문에 사유상의 시간을 잘 설명하지 못합니다. 따라서 사유가 자신을 구성하는 과정을 드러낼 수 있는 여러 양태를 현시해야 합니다. 기욤의 의도는 시간-이미지를 형성하는 과정에 시간의 생성적 표상이라는 3차원의 시간적 도식을 그려보는 것입니다.

카이로스적 시간은 연대기적 시간의 내부에 어떤 시간이 부가되는 시간이 아니라 내재되어 있는 시간입니다. 이는 연대기적 시간 내에서 주체(또는 자기)의 위상과 시간이 단절되고 불일치가 일어나는 시간을 파악하기 위해 필요한 형식의 시간입니다. 따라서 조작적 시간은 시간을 끝내기 위해 우리들이 필요로 하는 시간이며 또한 우리들에게 남은 시간입니다. 이와 같은 메시아적 시간은 우리 자신이 위치한 시간의 층위를 분할하면서 조작적 시간으로서의 연대기적 시간을 제대로 경험하게 하는 시간이기도 합니다. 조작적 시간은 우리를 현실에서 그렇게 있도록 하는 유일하게 현실적 시간으로서 우리가 유일하게 소유한 시간입니다. 이 조작적 시간 때문에 끊임없이 호출되고 표상하는 시간의 형식으로부터 자유로울 수 있는 것입니다(향유의 시간).[236]

변용적(transitional) 시간과 파루시아

바울은 카이로스의 시간을 제시하는데 이것은 크로노스적 시간과 대립을 의도하는 것이 아니라 양자의 전통적인 관계를 문제 삼아 새로운 시간 개념을 제시하기 위함입니다. 카이로스는 하나의 시간이 아니라 수축(응축)되고 단축된 크로노스라는 것입니다. 메시아적 세계는 또 다른 세계가 아니라 크로노스의 수축과 단축을 통해 세속적 세계를 약간 이동한 세계에 불과합니다.[237] 바울은 메시아적 사건으로서 부활과 파루시아를 제시하는데 시간의 끝에 예수의 임재가 있고 여기에는 '이미'와 '아직'의 역설적인 긴장이 발생합니다. 메시아적 시간은 이미 발생하고 있으며 구원도 이미 성취되었지만 그것이 성취되기 위해서는 일정한 시간을 필요로 합니다. 여기서 아감벤은 숄렘의 '변용적 시간' 개념을 가져옵니다. 이러한 이행적 시간은 무한한 연장을 만들어냄으로써 종말을 파악 불가능하게 만드는 특징이 있습니다. 숄렘은 메시아적 이율배반이 있으며 그 속에서는 아무것도 성취될 수 없는 "유예된 삶"(Leben im

Aufschub)이 있다고 말합니다. 이는 유대인적 실존이 완결적 성취를 이루기 힘든 긴장을 소유하고 있다는 의미에서 사용한 말입니다.[238]

이 변용적 시간을 보충적인 시간으로 변화시키려고 할 때 메시아적 시간에 대한 오해가 발생합니다. 파루시아는 제2의 메시아적 사건이 아니라 par-ousia(파르-우시아, 곁-존재)라고 할 수 있기 때문입니다. 이것은 존재하는 것의 곁에 동시에 존재한다는 의미에서 부가되는 형식의 보충적인 방식이 아니라 이분합일적 구조로, 이질적인 시간으로, 분할된 형식으로 구성되는 그런 시간입니다. 안식일이 그런 변용적 시간의 예시입니다. 안식일은 동질적인 시간으로서 또 다른 하나의 날이 아니라 시간의 틈을 통해 시간을 파악하고 그것을 완성하는 시간의 내적 분할 그 자체이기 때문입니다.[239]

예표(튀포스)와 메시아적인 것

예시/예표를 의미하는 그리스어 '튀포스'는 일반적으로 고대 기독교와 중세시대에 많이 사용된 성서해석 방식이기도 합니다. 바울은 아담이나 모세가 그리스도의 예표라고 하면서 이 단어를 직접 사용하고 있습니다. 예표론적 관계는 시간의 변용과 관계가 있습니다. 메시아적인 것은 이 예표론적 관계 그 자체와 관련이 있습니다. 다시 말해서 메시아적인 것은 이질적인 두 시간의 간극을 분할하고, 분할한 그 자체로 남은 형태로 있으면서 과거가 현재로 이환되고 현재가 과거를 확정하는 할당불가능의 지대를 도입합니다.[240]

아감벤은 바울의 메시아의 시간은 전도된 시간이라고 합니다. 그는 이를 히브리어 동사의 완료형과 미완료형의 관계로 설명하는데, 즉 히브리동사의 완료형에 waw(와우)를 붙이면 미완료형으로 바뀝니다(전도됩니다).

> 메시아적 시간은 완료도 미완료도 아니며, 과거도 미래도 아니고, 둘 다의 전도(inverson)입니다. 바울의 유형론적 관계에 있어서 이 전환적(conversive, 역전적) 운동은 긴장의 영역으로 완벽하게 표현됩니다. 이 영역에서는 두 개의 시간들이 사도가 '호 뉜 카이로스'라고 부른 성좌[별자리]에 들어섭니다. 여기서 과거(완료)는 현실성을 재발견하며, 성취되지 않게 되며, 현재(미완료)는 일종의 성취를 획득합니다.[241]

이런 식으로 튀포스는 전환적 운동의 긴장을 유지하는 메시아적 시간의 패러다임입니다. 말하자면 메시아적 것은 예표를 통해 완료되지 않은 시제인 현재가 완료된 사태가 가능하고, 완료된 것처럼 보였던 과거가 현재화되는 전환의 기능입니다. 이런 전환을 통해 두 개의 시간이 하나의 긴장관계를 유지하면서 곁에 존재할 수 있다는 것입니다.

메시아적 총괄의 시간

메시아적 시간은 총괄적인 시간이기도 합니다. 총괄(recapitulation)이라는 말은 아감벤이 신약성서 에베소서 1장 10절에서 가져온 말입니다. 곧 "때가 차면 이 계획이 이루어져서 하늘과 땅에 있는 모든 것이 그리스도를 머리로 하고 하나가 될 것입니다"라는 구절입니다. 여기서 '카이로스적 충만'을 의미하는 '총괄'이라는 말은 종말론적 충만의 단축 내지 요약입니다. 모든 시간을 메시아적 총괄에 의해서 최종적인 결과로 수렴되지 않으면서도 성취를 구현하는 것이 메시아적 시간의 기능입니다. 따라서 메시아적인 총괄적 시간 이해에서는 연대기적 종말로서의 성취가 아니라 성취를 요청하는 현재, 즉 '종말'(성취)로서 설정되는 현재가 중요하게 됩니다. 튀포스적인(예표적) 관계에 의해 과거는 요약적인 형태로 현재 속에 포함되고 관계합니다. 메시아적 시간의 총괄에 의해 과거는 현재를 성취하고 구제하는 형식으로 전환됩니다.[242]

아감벤은 벤야민의 '지금시간(Jeztzeit)'이 바울에게서 온 것이라고 확신합니다. 벤야민은 바울의 수축적이고 예표론적이며 총괄적인 메시아적 시간 이해를 차용하고 있다는 것입니다. 벤야민의 '시간 이미지'는 과거와 현재를 단순히 결합하는 방식이 아니라 성좌배열적으로 '지금시간'에서 위기와 파국의 순간을 지각하도록 합니다. 아감벤에 의하면 로마서에서 바울의 메시아적 시간은 시간의 종말에 관한 것이 아니라 순간마다 도래하는 기념적(사건적) 시간이자 안식(향유)의 충만한 시간입니다.

더 읽을 만한 책

조르조 아감벤,『호모 사케르: 주권 권력과 벌거벗은 생명』, 박진우 옮김, 새물결,
  2008.

조르조 아감벤,『아슈비츠의 남은 자들: 문서고와 증인』, 정문영 옮김, 새물결,
  2012.

조르조 아감벤,『왕국과 영광: 오이코노미아와 통치의 신학적 계보학을 향하여』,
  박진우·정문영 옮김, 새물결, 2016.

프리모 레비,『이것이 인간인가』, 이현경 옮김, 돌베개, 2007.

김항,『종말론 사무소』, 문학과지성사, 2016.

7장

유물론적 신학과 전투적 사랑

슬라보예 지젝의 역사적 유물론과 기독교

슬라보예 지젝은 헤겔의 변증법, 라캉의 정신분석학적 구도(도착적 이해), 바디우의 사건 철학 등을 경유하여 바울의 신학을 유물론적 틀에서 이해하고 있습니다. 지젝은 기독교의 유산을 변증법적 부정성의 급진적 사례로 해석하려고 합니다. 특히 그는 기독교의 삼위일체 교리가 '신의 자기 포기'(케노시스)라는 점에 주목합니다. 기독교는 신의 자기 포기를 중심에 두고 기독교의 가능성을 재사유한다는 것입니다. 지젝은 기독교가 신이라는 대타자 자체에 틈을 내어 그 내적 구조와 존재의 가능성을 사유하는 것에서 변증법적인 유물론적 사유방식의 유사성을 찾습니다. 그의 기독교 사용은 기독교 신앙 자체에 대한 옹호라든지 그것을 구조화하기 위한 목적이 아닙니다. 오히려 역사적 유물론의 한 단계로서의 기독교의 역사적 계기를 변증법적 유물론에 의해 능동적으로 이해해보려는 접근입니다.

1. 변증적 유물론과 사도 바울

칼 슈미트에게서 우리가 이미 살펴본 대로, 가톨릭 사상의 뿌리에서 정치신학은 주권 개념과 예외상태라는 구도에서 이해할 수 있었습니다. 법의 바깥에서 법을 정지시킬 수 있는 정치적 권위의 문제를 신학적 구도에서 이해할 수 있다는 것입니다. 정치와 신학의 관계를 정치역사적 담론에서 적극적으로 다룬 사람은 발터 벤야민입니다. 벤야민은 그의 책『역사철학 테제』에서 정치와 역사를 구원 및 메시아적 사상과 연결시킵니다. 슬라보예 지젝은『죽은 신을 위하여(원제: 꼭두각시와 난장이)』에서 유물론의 내용과 성격이 무엇인지를 진술하기 위해 벤야민의 논의로부터 시작합니다. 지젝이 벤야민에게서 주목하는 전략적 기획은 벤야민에 의해 규정된 역사적 유물론의 환유(또는 환속), 즉 꼭두각시와 신학의 환유로서 난장이의 지위를 역전시키는 것입니다.

옛날에 체스의 명수인 꼭두각시가 있었다. 이 꼭두각시는 언제나 상대의 수에 따라 적절한 맞수를 둘 줄 알았다. 터키 옷을 입고, 물담배를 물고, 체스판이 놓여 있는 커다란 탁자 앞에 앉아 있는 모습이었다. 거울을 교묘하게 설치하여 마치 탁자가 사방으로 트여 있는 것 같았다. 그러나 사실은 체스의 명수인 곱사등이 난장이가 탁자 안에 들어가 꼭두각시의 손놀림을 줄로 조종하는 것이었다. 이것에 대응하는 상황이 철학에서 쉽게 발견된다. 역사적 유물론이라는 꼭두각시는 언제나 승리한다. 역사적 유물론이 신학을 자기 편으로 끌어들인다면, 누구와 싸워도 그 게임은 승산이 있다. 오늘날 신학은 알다시피 보기 흉할 정도로 비쩍 마른 터라, 사람들의 눈에 띄지 않게 해야 한다(발터 벤야민의 「역사철학테제」 제1번).

오늘날, 역사적 유물론은 후퇴하고 있다. 역사적 유물론에 근거하는 실천이 있더라도 그것은 역사적 유물론이라는 자신의 본명을 숨기고 은밀하게 진행한다. 한편, 신학적 차원은 해체론—'탈세속적' 메시아주의 경향의 해체론—으로 변장하고 수명을 늘리는 데 성공했다. 바야흐로 발터 벤야민의 「역사철학테제」 제1번을 뒤집을 때가 왔다. '신학'이라는 꼭두각시는 언제나 승리한다. 신학이 역사적 유물론을 자기 편으로 끌어들인다면, 누구와 싸워도 그 게임은 승산이 있다. 오늘날 역사적 유물론은 알다시피 보기 흉할 정도로 비쩍 마른 터라 사람들의 눈에 띄지 않게 해야 한다.[243]

지젝이 벤야민의 역사철학 테제 제1번에 주목하면서 언급하는 것은 종교의 세계화 내지 탈세속화 경향입니다. 특정한 민족적·문화적 배경에서 시작한 종교가 세계화(세속화 또는 탈세속화의 환속)되면서 종교는 새로운 세계 질서에 맞춰 변화적 적응을 도모합니다. 즉 기존 질서에서 제 역할을 감당하는 치료적 기능 및 기존 질서의 병폐를 지적하는 비판적 기능을 모두 수행하면서 종교의 생명을 유지하게 됩니다.[244] 이 둘은 어떤 면에서 보면 대립되는 측면이라고 할 수 있지만 어쨌든 부정적 종합의 형식으로 이 둘이 지양되는 현상이 함께 따라온다는 것이 지젝의 분석의 핵심입니다.[245]

무엇보다 지젝의 관심은 종교의 보편 지향적인 욕망에 관한 것입니다. 그는 헤겔의 종교의 변증법적 이행, 즉 '민족 종교-실증적 종교-이성의 종교'의 구도를 소개하면서 종교가 보편주의적 형태를 띠기 시작했다고 지적합니다. 이 과정에서 종교의 신앙은 유보되는 형식을 갖게 되고 그러다보니 결국 종교의 독특한 전복성이 상쇄되는 현상이 발생했다는 것입니다. 지젝은 이렇게 낡아버리고 퇴색된 기독교의 전복성을 유물론적 접근을 통해 회복할 수 있을 것이라고 조언합니다. 이는 변증법적 유물론이 기독교적 경험을 통해 유물론에 전복적 생기를 불어넣을 수 있다고 주장하려는 그의 진지한 농담입니다.[246]

　지젝에게 있어 사도 바울은 예수의 죽음과 부활의 변증법을 통해 지금 여기의 문제에 개입할 수 있는 신당을 조직한 인물이나 다름없습니다. 지젝은 바울을 레닌에 비유합니다. '이미 지난 그러나 아직 오지 않은' 바울의 메시아적 시간 개념 역시 바디우를 따라 레닌이 처해 있었던 상황에 빗댑니다(1917년 2월과 10월 혁명 사이). 즉 바울이나 레닌 모두 구체제와 새로운 과업 사이에서 혁명적 시간을 사유하고 행동했던 조직적이고 전략적인 투사들이었던 것입니다.[247] 게다가 지젝은 바울을 "유대교 입장을 가지고 유대교의 입장에 속하여 유대교의 입장을 상대로" 변혁을 시도한 인물로 그립니다.[248] 그럼에도 바울은 그리스도의 '이너서클'에 속해 있지도 않았습니다. 유대교 안에서 유대교의 급진적 개혁을 수행한 바울이야말로 지젝에게 바디우와 마찬가지로 혁명적 투사로 읽혔습니다. 이는 유대교의 대립자로 바울을 읽을 때 그의 급진성을 더욱 부각시킬 수 있다는 키르케고르의 전략과 같은 것입니다.[249] (지젝은 이러한 기획도 헤겔좌파적인 독법이라고 보는 것 같습니다.)

2. 케노시스(자기 포기)적 주체

영원성과 시간성

지젝은 셸링의 시간성과 영원성의 관계에 대한 전회적 이해를 소개하면서 유물론적 접근을 시도합니다. 우리는 보통 시간성을 영원성의 일부라는 차원에서 이해하려고 합니다. 하지만 셸링을 따라 영원성이 시간성에 들어와 있고 영원성이 그 자체의 약속을 포기하는 형식을 사유할 수 있습니다. "시간은 존재론적 열림을 칭하는 바로 그 이름"일 수 있고 "성육신의 사건은 평범한 일시적 현실이 영원을 접하는 시간이 아니라, 오히려 영원이 시간 속에 들어오는 그런 시간"일 수도 있습니다.[250] 영원이 한계적 시간 안으로 들어올 수 있다는 것은 영원을 스스로 제한하는 형식으로 만들어야 하는 위험이 발생합니다. 기독교의 신학은 이처럼 육화(incarnation, 성육신)라는 개념을 통해 영원한 신이 피조세계 속에 존재한다는 논리를 만들어냅니다.

영국 가톨릭 신학자이자 『정통』(Orthodoxy)의 저자인 체스터턴의 논변에서도 드러나듯이 기독교의 신은 자기 자신에 대해서 죽는 신입니다. 이것을 지젝은 은밀한 도착성이라는 정신분석학적 용어로 표현합니다.[251] 유다가 제자의 사명을 완수하게끔 (예수께서) 자기를 배반할 것을 허용한다는 기독교의 논리는 도착적 증세를 대변하는데 이는 특수성을 죽이고 보편성으로 나아가기 위한 과정이라는 것입니다. 말하자면 바울이 보편적 종교인 기독교를 창시하기 위해서 예수는 가룟인 유다의 배신에 의해 죽음에 직면하지 않을 수 없었던 것입니다.[252] 이는 신성이 단순히 인간세계와 연결되어 있다는 정도의 수준을 넘어섭니다. 신은 신을 배신하고 인간이 되었습니다. 시간 안에 영원이 아예 들어 있는 구조입니다.

절대 내의 균열

지젝은 일신교는 말할 것도 없고 다신교조차 다자성의 공유된 배경(배후)을 갖고 있다고 의심합니다. 일자의 배경이 있어야 다자적 욕망이 가능하다는 것입니다. 이에 비해 일신교인 기독교는 오히려 반대로 "절대 내의 균열" 즉 "유일신을 신 자신으로부터 분리하는 균열이자 바로 이 신 자체가 되는 균열"과 같아서 이자(二者)적 신학을 가능케 함으로써 근본적인 차이를 논할 수 있게 되었다고 평가합니다.[253]

근본적 차이란 일자가 자기와 관계할 때 생기는 차이, 일자와 자기의 불일치, 일자와 자기 자리의 불일치다. 기독교가 유일하게 진정한 일신교가 되는 것은 바로 이 때문이요, 정확히 말하면 삼위일체 때문이다. 삼위일체의 교훈은 신이 신과 인간 사이의 균열과 정확하게 일치한다는 것, 신이 바로 이 균열이라는 것이다. 이러한 존재가 바로 그리스도이다. 그는 균열에 의해 인간과 분리된 피안의 신이 아니라, 균열 자체, 신을 신으로부터 분리하는 동시에 인간을 인간으로부터 분리하는 균열이다.[254]

이러한 자기 균열은 '무정형의 초월적 세계'(또는 절대자)가 스스로와 불화하는 세계라는 헤겔의 이해를 대변합니다. 절대자는 자기 안에 '절대적 자기 관계적 부정성'을 유한한 현실 속에서 파괴적 무정형성으로 현상하게 되는데, 헤겔은 혁명적 정치의 가능성을 자유와 필연성을 함께 묶어 사유할 수 있게 하기 때문입니다.[255] 기독교의 '신적 자기 포기'를 의미하는 '케노시스'가 바로 이런 의미를 갖고 있습니다. 이른바 신의 자기 균열은 단순한 중립적 분열이 아니라 균형을 교란시키는 전투적(폭력적) 자기 갱신 자체라고 할 수 있겠습니다. 이것이 진정한 혁명적 해방을 가능하게 한다는 것입니다.[256]

이렇게 보면 기독교의 신은 단순히 성육신을 통해 영원성을 드러내는 존재라기보다 시간이라는 한계상황을 창출하는 형식으로 존재한다고 말할 수 있습니다. 지젝이 기독교의 유물론적 내용의 핵심을 찾을 때 주목하는 개념이 케노시스(kenosis, 자기 포기)인 이유가 여기에 있습니다. 즉 '자기 포기적 주체'는 일신론 내에서 다수적 존재의 가능성을 사유할 수 있게 합니다. 지젝은 유대교의 메시아주의적 사상에 반대하는데 그 이유는 유대교의 '차이'와 '타자'에 대한 강조들이 유약해 보이기 때문입니다(대표적으로 레비나스와 데리다). 이에 비해 기독교에는 '자기를 포기'(빌립보서 2:7)하는 지점에서 하나의 심연을 신 자신의 고유한 절대성 안으로 끌어들이는 방식의 주체가 있습니다. 주체에 대한 이야기 없이 투쟁을 논할 수 없지 않겠습니까? 그렇다고 지젝이 근대철학의 주체를 단순히 반복하는 것은 아닙니다. 오히려 그는 '대타자'로서의 신도 제거하면서 동시에 인간 주체의 근본성도 소거하는 길을 택합니다. 기독교의 케노시스적 신은 모든 근원에 선행하는 차이입니다.

신과 본질이 같으면서도 신에 종속되지 않는 방식으로 존재하는 그리스도는 신과 동일본질(호모우시아)을 갖지만 케노시스를 통해 그 근본에 있어서 '신의 자기희생'에 대해 말할 수 있는 언어를 가능하게 합니다. 이러한 틈새(균열)야말로 메시아주의에 반대하여 메시아적인 것(사건)을 논할 수 있는 자리가 됩니다. 따라서 기독교의 케노시스는 다름에 대해서만 사유하는 타자의 존재론에 빠지지 않으면서 주체를 말할 수 있다는 것입니다.[257]

3. 잔여와 보편의 문제: 주체의 정치적 행위

아감벤의 분할 개념 비판

지젝은 아감벤의 잔여적 주체에 대해 비판적인 반면 상대적으로 바디우의 보편적 주체 개념을 수용합니다. 아감벤은 그의 책 『남은 시간』에서 바울이 새로운 종교의 창시자가 아니라 유대교 메시아주의에 충실한 대변자였고, 그가 보편성을 발명한 것이 아니라 '새로운 분할'을 통해 '분할 속의 잔여'를 들여온 사람이라고 말합니다. 그렇기 때문에 아감벤에게 있어 바울은 새로운 정체성과 새로운 사명을 선언한 사람이 아니라, 오히려 모든 정체성과 모든 사명을 폐기한 사람입니다.

지젝이 아감벤의 시간 개념을 비판하는 지점은 정치적인 개입의 현실성에 관한 것입니다. 그는 아감벤의 시간개념, 즉 '종말(끝)의 시간'으로서의 응축된 시간'인 메시아적 시간 개념이 정치적 개입을 가능하게 하는 아무런 내용이 없는 '과도한 형식주의'라고 비판합니다. 지젝은 아감벤의 시간 개념을 바디우와 반대되는 주장이라는 형식으로서만 의미를 갖는다고 평가절하 합니다.[258] 오히려 지젝은 아감벤의 '분할'에 대한 기획을 "새로운 보편성을 발명하는 유일한 방법"으로 사용하는 길을 찾으려고 합니다. 그리고 아감벤과 반대로 "새로운 정체성과 새로운 사명을 선언하기" 위해 모든 정체성과 모든 사명을 폐기하는 길을 선택해야만 한다고 생각합니다. 즉 전체, 부분, 잔여의 구분은 헤겔식 삼항구도와 닮은 것으로서 결국 잔여가 유에 형체를 부여하는 과잉요소에 불과한 것 아닌가 하는 지적입니다. 잔여는 특수자와 특수자를 구분하는 것이 아니라 특수자가 자기 자신과 구분하는 것이기 때문입니다. 지젝은 아감벤이 말하는 메시아적 차원의 새로운 종(잔여)이 특수한 차이에 무관심한 안전한 중립적 보편성을 갖는 것이 아니라, 특수자 스스로가 갈라지는 불일치 그것이 보편성이라고 봅니다.[259]

보편으로서의 잔여

말하자면 지젝은, 이 보편성은 특수자의 산종적 차이를 기술하는 것으로 끝나는 것이 아니라 오히려 보편성이라는 간극 속에서 자기 자신에게로 다시 돌아오는 "민주적인 주체로서의 잔여"라는 것입니다. 잔여적 존재자로서 민주적 주체는 자신만의 특별한 자리를 차지할 수 없고 개체로서의 속성을 모두 박탈당한 존재자인데 이들의 존재는 보편성을 띱니다(어디든 있습니다). 지젝은 이런 주체는 "근본적 보편성의 단독적 행위자(singular agent)"로서 이것이 '잔여 자체'라고 말하고 있습니다.[260]

> 배제당한 사람들, 전지구적 질서 내에 자신의 자리를 갖고 있지 않은 사람들은 진정한 보편성을 직접적으로 구현하는 사람들, 전체를 대표하는 사람들이며, 이들은 자신의 특정한 이해관계만을 대변하는 그 밖의 모든 사람들과 대조를 이룬다.[261]

지젝은 사도 바울의 분할은 아감벤과 같은 형식적인 분할이 아니며, 잔여적 존재자도 형식적인 주체가 아니라 오히려 보편성의 현실적 실존으로서 내용적인 분할을 가능하게 한다고 봅니다.[262] 지젝이 잔여와 보편성을 함께 연결시키는 이유는 보편성을 투쟁적 보편성으로 이해하기 위해서입니다. 지젝은 사도 바울의 사랑을 투쟁적 관점에서 이해해야 한다고 생각합니다. 사도 바울의 '마치-아닌-듯한'(as-if-not) 태도를 사회적 임무는 수행하지만 현재에서는 유보적인 태도를 취하라는 의미로 보는 아감벤의 해석이 지나치게 투쟁적 거리를 둔다고 지젝은 비판합니다. 투사의 입장에서 현실은 초연한 관찰자가 될 수 없으며 그렇다고 일상을 수행하지 않을 수도 없는 자로서의 긴장이 있기 때문입니다. 그래서 지젝은 사도 바울의 이 태도를 형식적인 태도로 이해하는 아감벤과 달리 상징 영역 자체에 대한 부정의 태도라고 말하고 있습니다. 아감벤에게 '믿음'은 적극적인 내용이 없고 단지 법의 '자기에-대한-거리' 정도, 즉 자기 유보에 불과하다는 것입니다.[263]

사도 바울이 행한 행위의 핵심적인 차원은 모든 형태의 공동체주의(communitarianism)와의 단절이다. 즉 사도 바울의 세계는, 저마다 '자기 목소리를 찾기'를 원하고 자기의 특수한 정체성, '생활 방식'을 내세우는 다수의 집단들로 구성되는 세계가 아니라, 무조건적 보편주의에 의거하여 구축되는 하나의 투쟁 집체로 이루어진 세계이다.[264]

지젝은 바울이 유대인의 법과 전통 위에서 그의 사랑을 논할 수밖에 없었던 이유를 잔여를 통한 보편성에 대한 투쟁을 거쳐 새로운 집체(공동체)에 대한 사유가 있었기 때문이라고 봅니다. 그래서 유대인은 이중적 의미의 잔여적 특성을 가진 존재자인데, '정상적' 민족들에 대한 잔여물인 동시에 스스로에 대해서도 잔여적인 존재입니다. 곧 유대인은 자체로 잔여이자, 자체의 잔여이기도 합니다. 유대인은 자체의 잔여이기도 하지만 본연의 인간(humanity as such), 즉 보편적인 인간성의 잔여이기도 합니다. 유대인은 인간이 차지할 수 없었던 '자리 없음'을 통해서 보편적인 본연의 인간에 대해 말할 수 있는 잔여입니다.[265] 따라서 지젝은 "잔여는 '특수들' 내에서 보편('본연의' 전체, 부분들에 대립하는 전체)을 대표한다"[266]라고 말하는 것입니다.

분할과 투쟁 방식

지젝에게 분할의 문제가 중요한 이유는 어떻게 분할하느냐에 따라서 투쟁의 가능성, 즉 혁명적 행동을 위한 희망을 가질 수 있느냐 없느냐가 결정되기 때문입니다. 잔여물을 두 가지 측면에서 고려해볼 수 있는데, 모든 특수한 내용을 빼고 남은 나머지(전체를 구성하는 요소들, 전체의 특정한 부분들)가 있고, 다른 한편으로는 전체를 부분들로 구분한 분할의 결과를 통칭하는 나머지가 있습니다. 전체를 계속 분할하게 되면 하나의 '유(有)'와 하나의 '무(無)'가 남게 됩니다. 여기서 지젝은 구원의 관점을 채택해야 한다고 봅니다. 즉 구원받지 못한 부분은 없음 속에 버려지는데 남는 것은 잔여입니다.[267]

유와 무의 분할에 의한 잔여적 존재의 보편성은 지젝이 제시하는 프롤레타리아 혁명의 신조를 통해 잘 독해됩니다. 지젝은 바울의 메시아적 시간성과 혁명의 절차에 유사점이 있다고 봅니다.

> 프롤레타리아 혁명의 신조 '우리는 아무것도 아니었다. 우리는 '전부'가 되기를 원한다(We were nothing, we want to become All)'를 독해하는 방법은 이것이다. 즉 기성의 질서 내에서 구원은 무로 간주되지만, 구원의 관점을 채택하면 기성의 질서의 잔여—부분 아닌 부분(its part of no part)—가 전부가 될 것이다.[268]

지젝에 의하면 메시아적 시간은 궁극적으로 역사의 '객관적' 흐름으로 환원될 수 없는 주체성의 개입을 의미합니다. 메시아적 시간은 역사적 흐름의 객관적 시간을 분석한다고 밝혀지는 것이 아니라 주체의 개입을 통해 사건의 역사를 내면적으로 만들어내는 것입니다. 이렇게 보면 모든 사물(물질)은 언제든 '농밀한'(메시아적) 시간이 될 수 있습니다. '사건의 시간'이란 역사의 '정상적' 시간 너머에 존재하는 또 다른 시간이 아니라 '역사적 시간 안에 존재하는 일종의 내면적 고리'이기 때문입니다.[269] 따라서 사건을 만드는 주체의 결단 없이는 사건도 없습니다. 진정한 혁명은 언제나 절대적 '현재'(지금이라는 무조건적 시급함) 속에서 발생합니다.[270] 기독교도는 메시아가 강림했고 이미 구원을 받았다는 사건-이후를 살아가는 자들인 것입니다. 따라서 기독교도는 사건에 따른 '행위'의 결과를 이끌어내야 하는 부담과 의무를 진다고 하겠습니다.[271]

4. 헤겔의 변증법과 기독교적 유물론

정치적 행동과 사랑

지젝은 아감벤이 이해한 바울의 '마치 ~가 아닌 듯한(as-if-not)'의 태도(고린도전서 7:20, 29-31)가 사회적 의무의 세계에 계속해서 참여하되 유보적인 태도를 가지라는 의미로 들린다고 비판합니다. 지젝은 바울의 이러한 태도를 철저하게 현실에 관여하는 투사들이 현실을 제대로 구분하지 못하는 사태에 대한 엄밀한 사용으로 이해하려고 합니다. 즉 '마치 ~가 아닌 듯한' 태도는 "상징질서에 속하는 물신주의적 부인의 태도가 아니라, 상징 영역 자체를 부인하는 태도"[272]입니다. 자크 라캉의 이론처럼 상징 질서에 속할 수밖에 없지만 상상력을 통해 상징계를 부정하면서 실재를 찾아가는 투쟁적 태도를 의미한다는 것입니다.

따라서 지젝은 주체에게 사회적 상황들 가운데서 분할되는 계기는 주체의 욕망으로부터 가능하다고 봅니다(라캉의 정신분석학). 더 나아가 이 욕망하는 주체는 상징적 윤리학에 의해서 전체주의화(거짓된 보편화)되고 맙니다. 지젝이 보기에 이것을 해체하는 길은 정치적 행동에 의해서 가능합니다. 이 정치적 행동이란 윤리적 행동과 달리 어떤 '유예'의 표현으로서 '수동성의 전략'을 의미합니다. 지젝은 수동성 내지 부정성을 법과 사랑이라는 개념을 통해 접근합니다.

지식의 영역은, 그것이 '전부'일 때조차(완전하고 예외 없는 상태일 때 조차), 어떤 면에서는 전부가 아니고(non-all), 불완전하다. 사랑은 지식의 '전부'에 대한 예외가 아니라 지식의 연쇄/영역 전체를 불완전하게 만드는 '아무것도 아님'(nothing) 바로 그것이다. 내가 모든 지식을 알지라도 사랑이 없으면 아무것도 아니라는 주장의 핵심은 단순히 사랑이 있으면 내가 '뭔가 대단한 사람'(something)이라는 것이 아니다. 사랑 속에서도 나는 역시 아무것도 아니다. 그렇지만 '여기서의 아무것도 아님'(nothing)이란 자기가 아무것도 아님을 알고 있는 '무'(nothing), 자신의 결핍에 대한 깨달음 자체를 통해서 역설적으로 풍요해지는 '무'(nothing)이다.[273]

여기서 수동성은 불완전함이며 이 불완전함이 사랑 속에서 "나는 역시 아무것도 아니다"라고 알게 되는 그런 무(nothing)입니다. 이것은 자신의 결핍 자체를 통해서 역설적으로 풍요해지는 무(nothing)입니다. 지젝은 바울의 이런 사랑이라는 부정성이야말로 기독교의 업적이라고 평가합니다. 즉 기독교의 사랑은 불완전한 존재를 신의 지위로 격상시키는(보편화하는) 투쟁입니다. 사랑을 통해서만 실재하는 타자(실재, réel)에 도달할 수 있습니다.

법과 사랑의 변증법

법의 문제는 사랑이 충분히 들어 있지 않은 것이 아니라 너무 많이 들어 있어서 사회라는 외부가 나의 삶을 규정하고 사랑의 매개에 집착하게 됩니다.[274] 다시 말해서 법은 외부의 통제를 강화하고, 반대급부 현상으로 사랑은 무매개성에 집착합니다. 이것이 법에 대한 부정적인 인식을 강화하게 됩니다. 바울도 율법에 대해 부정적이었고 심지어 법이 죄를 깨닫게 한다고 할 성도였습니다(로마서 3:20). 만약 법이 죄를 깨닫게 하고 구원을 받을 필요성을 알게 하는 역할만 감당하는 것이라면 여기서 구원을 주는 신은 기괴하고 도착적인 신에 다름없게 됩니다. 이 도착증을 넘어설 수 있는 길은 타락 자체를 구원과 동일한 다른 이면으로 보는 것입니다. 오히려 구원을 타락이 일어나는 동시에 함께 일어나는 것으로 보면 됩니다.[275] 이것은 법과 사랑의 이분법적 구분, 즉 '사랑이 법을 이긴다'는 식으로 유대법을 무효화 하는 태도는 반유대주의로 귀착됨으로써 사랑의 우주적 보편성의 문제를 상실하게 할 수 있습니다. 그래서 지젝은 법과 사랑의 관계에 대해 다음과 같이 말함으로써 법과 사랑은 상호 긴장을 통해 극복되어야 하는 것이라고 합니다.

주체가 자기 내면 깊은 곳의 병리적 아갈마에 대한 집착(주체의 심층에 뭔가 귀한 보물이 들어 있는데 그것은 사랑의 대상일 뿐 법의 지배 하에 놓일 수 없다는 생각)을 포기하는 순간, 법은 주체에게 스스로를 부과하는 외부적 위력이라는 '소외된' 속성을 잃는다. 바꾸어 말해서 (오늘날까지도) 문제가 되는 것은, 어떻게 법을 진실한 사랑(진정한 사회관계)으로 보완할 것인가가 아니라, 오히려 어떻게 사랑의 병리적 흔적을 제거하고 법을 성취할 것인가이다.[276]

지젝에 의하면 헤겔의 변증법을 통해 기독교의 유물론을 구축할 수 있습니다. 바울의 법은 죄의 욕망을 만들어내지만 다시 법은 정의의 차원을 재확인하는 내밀함입니다. 사랑은 법을 극복하지만 다시 법을 필요로 하는 방식으로 사랑이 수행됩니다. 바울은 그리스도의 사랑이 법을 완성한다고 합니다. 이런 관점에서 보면 바울의 사랑과 법에 대한 변증법적인 이해는 기독교 자체의 변증법적 유물론인 것입니다.

차이에 대한 사유에서 지젝은 헤겔의 변증법(대립 규정)이 사물 자체의 차이의 문제를 잘 사유하게 한다고 봅니다. 사물의 차이는 사물들 사이의 차이도 아니고, 사물과 기호 사이의 차이도 아니며, '사물과 공백 사이'의 차이입니다.[277] 말하자면 사물은 사물 자체로 받아들여지는 식으로 사유의 방식을 고려해야 한다는 것입니다. 지젝은 사물과 사물 자체의 차이에서 발생하는 공백을 다음과 같이 설명합니다. "사물에서 기호로의 운동은 사물을 기호로 치환하는 운동이 아니라, 사물 자체가 (다른 사물의 기호가 아니라) 자신의 기호가 되는 운동이다. 즉 공백은 바로 운동의 핵심이다."[278] 사물이 기호로 치환되지 않으면서 사물 그 자체의 유물론적 지위를 유지하려면 사물과 사물 자체의 분할을 사물 안에서 가능하게 하는 유물론적 차이의 사유가 가능해야 하는 것입니다.

여기에 지젝은 헤겔의 무한판단('인간'이 인간과 대립하는 규정과 만나는 것, 뫼비우스의 띠의 뒷면에서 자신의 대응물을 만나는 것)을 통해 인간과 그리스도의 관계 즉 '인간은 인간이다(또는 인간적이다)'를 설명할 수 있다고 봅니다. 이 말은 인간의 불일치를 가리키는 것입니다. 즉 인간은 인간 자체(또는 인간성)와 이분법적으로 분리되지 않으면서 불일치의 공백이 만들어집니다. 바울식으로 말하자면 그리스도는 인간에게 내재하는 과잉의 이름이라고 할 수 있습니다. '이 사람을 보라'라는 말 이 외에는 불가능한 '괴물 같은 잉여'입니다.[279] 그리스도는 인간으로 이 세상에 있기에 초월자가 아니지만 인간 내의 분할을 가능하게 하는 이름으로만 가능한 주체이기도 합니다. 따라서 인간 안에서 인간을 넘어서는 자에 대한 가능성은 인간만이 갖고 있다고 하겠습니다. 이것이 지젝이 말하는 바울의 기독교적 유물론의 변증법이자 그의 그리스도론입니다.

더 읽을 만한 책

슬라보예 지젝, 『시차적 관점』, 김서영 옮김, 마티, 2009.

_____, 『무너지기 쉬운 절대성』, 김재영 옮김, 인간사랑, 2004.

_____, 『믿음에 관하여』, 최생열 옮김, 동문선, 2003.

슬라보예 지젝 외, 『이웃』, 도서출판b, 2010.

슬라보예 지젝·존 밀뱅크, 『예수는 괴물이다』, 박치현·배성민 옮김, 마티, 2013.

알랭 바디우·슬라보예 지젝, 『바디우와 지젝 현재의 철학을 말하다』, 민승기 옮
   김, 도서출판 길, 2013.

인디고 연구소 편, 『불가능한 것의 가능성: 슬라보예 지젝 인터뷰』, 궁리, 2012.

8장

법 너머의 정의

자크 데리다의 '메시아적인 것'과 정의

데리다에게 정의는 법의 동기이기도 하고 정당화이기도 하지만, 반대로 정의는 법을 초월하면서 법에 의문을 제기하고 법을 불안 정하게 하는 요소이기도 합니다. 정의가 법을 초월한다는 것은 정의가 법 바깥(법 외부)에 있다는 말인데, 이는 정의가 법에 의해 제한당하지 않는다는 말입니다. 그럼에도 정의는 법 안에서 법을 통해(법의 예시화를 통해) 구현되는 욕망을 피하지 않습니다. 법은 해체 가능하지만 정의는 해체 불가능하기 때문에, 해체 가능한 법이 해체 불가능한 정의를 전체로 담을 수는 없지만, 정의는 해체 가능한 법의 형태로 구현될 수밖에 없는 딜레마가 존재하는 것입니다. 그렇다면 여기서 우리는 정의의 양가적 특징을 어떻게 생각해야 하는가라는 질문에 봉착합니다. 왜냐하면 이 질문은 법이 목표로 하는 것 자체가 결국 법이 배신하게 될 무엇인데, 그것은 궁극적으로 정의가 지향하는 관심에 대한 배신이자 정의 자체에 대한 배신이 될 것이기 때문입니다. 이 장에서는 데리다의 법과 정의의 관계에 대한 이해를 바울의 법과 정의의 관점과 연결하여 살펴보고자 합니다.

1. 데리다의 탈구축과 정의

데리다는 『마르크스의 유령들』에서 "메시아주의 없는 메시아적인 것"에 대해 말하고 있습니다. 데리다가 말하는 메시아적인 것은 '도래할 민주주의'를 의미하고 이것은 곧 '정의(justice)'를 도입하라는 명령이자 약속을 뜻합니다. 데리다는 메시아적인 것을 기본적으로 마르크스의 유산(또는 흔적)으로 상정하고 있으며 이것은 상속되어야 할 지울 수 없는 표식으로 남아 있다고 믿습니다. 메시아적인 것으로 남아 있지 않다면 "사건의 사건성", "타자의 독특성 및 타자성"은 축소되고 말 것이기 때문입니다.[280]

> 해체와 정의의 가능성 사이의 관계, 해체가…타자의 독특성에, 타자의 절대적인 선행성 내지 절대적인 선도래성/타자에 대한 절대적인 배려에, 선(pre)의 이질성─이는 분명히 나 이전에, 모든 현존자 이전에, 따라서 모든 과거 현재 이전에 도래하는 것을 의미하지만 또한 바로 이를 통해 장래로부터 또는 장래로서, 사건의 도래함 자체로서 도래하는 것을 의미하기도 한다─에 스스로 따라야 하는(채무 없이도 의무 없이도) 것과 맺고 있는 관계가 작용하고 있다. 정의의 탈-총체화의 조건인 필연적인 어긋남은 현재의 조건이며, 동시에 현존자 및 현존자의

현존의 조건 자체다.[281]

데리다가 셰익스피어의 『햄릿』에서 가져온 "시간은 어긋나 있다 (The time is out of joint)"라는 구절은 타자가 도래하는 사건의 시간은 과거-현재-미래가 순차적으로 고정되거나 총체화되지 않는다는 점에서 우연성을 가지며 이런 점에서 '두렵고 낯선' 이질성을 내포하는 시간입니다. 이러한 사건적 시간 내지 우연적 시간의 가능성은 타자의 독특성을 현재의 조건에 담아내는 것과 관련이 있으며, 이러한 조건을 끊임없이 탈구축하는 것이 정의입니다.

데리다의 정의는 타자의 이질성을 삭제하지 않고 '함께 어울릴 수 없는 것' 자체를 '함께 유지하는 것'으로 관점을 이행시키는 것입니다. 다시 말하면 서로 어울릴 수 없는 이질적인 것들이 그 자체로 함께 유지되려고 도달하는 것, 그리고 그런 명령과 약속을 이행하기 위해 서로 독특하게 연결되기 위해 도달하는 것, 그것이 정의입니다. 데리다는 이런 타자의 이질성의 연대를 "연접 없이, 조직 없이, 당 없이, 국민 없이, 국가 없이, 소유/고유성 없이 다시 만나기의 동맹(새로운 인터내셔널, 즉 새로운 "공산주의")"이라고 표현합니다.[282] 이런 점에서 보면 데리다가 말하는 정의는 '메시아적인 것'에 해당하며 '도래하는 민주주의'라고 표현된바 지금-여기에 있는 타자의 독특성을 촉발합니다.

그래서 데리다는 "탈구축(deconstruction)이란 정의이다"라고 말합니다. 해체에 대한 오해를 불식하면서 탈구축은 불가능한 경험으로서의 정의입니다. 순수한 해체란 없으며 탈구축은 사건을 통해 '근원적인 타자성의 침입에 의해 현재의 주권질서가 변경되는 것'을 추동합니다. 그래서 메시아적인 것은 혁명적인 것의 다른 이름입니다.[283] 두렵고 낯설게 도래하는 타자성은 주권질서의 고착화 내지 고정화의 양상을 교란시킵니다. 차이(différance)를 만들어내는 공백(vide, espacement, 공간내기)은 도래하는 민주주의를 지금-여기에 불러오는 것이고 그것에 대한 '촉구/서두름'입니다.[284] 고정된 질서가 변용되기 위해서는 타자의 우발성이 출현할 수 있는 가능성이 열려 있어야 하며 '계산 불가능한' 또는 '예측 불가능한' 요소가 있어야 하기 때문입니다.

2. 법에 대한 시간성(서사화)의 우선성

바울은 갈라디아서에서는 율법에 대한 전복적 견해를 제시하지만, 로마서에서는 율법에 대해 한층 복잡한 논의를 전개합니다. 로마서에서 바울은 율법에 대립하면서도 그 율법이 여전히 '거룩하고, 정의로우며 선하다'라고 말합니다. 바울이 율법을 반대하면서도 율법의 완성에 대해 언급하는 언어 전략은 신적 정의와 그것의 구체적인 실현 사이의 간극의 긴장을 묘사하기 위함입니다. 이러한 법과 정의의 긴장을 해소하는 바울의 방법론이 데리다의 방법론과 유사점이 있습니다.

'법 이전의 법'

데리다는 카프카의 「법 앞에서」라는 텍스트를 차용하면서 법과 법을 기다리는 사람 사이에 존재하는 시간성에 주목합니다. 법의 판단을 기다리는 자에게 법은 즉각적으로 그 판결을 내리지 않고 지연시킵니다. 여기에 법이라는 단독성과, 법을 기다리는 자라는 단독성 사이에 불화가 존재합니다. 따라서 법은 법을 기다리는 사람 앞에서 지나간 시간성으로 인해 그 보편성을 확보할 수 없습니다. 법의 특징은 보편성과 무시간성을 가져야 하는 법칙적인 것이어야 하는데, 실제로 법에는 시간성과 서사화(이야기)가 내포되어 있습니다. 이것은 법을 서사 내에 기입하려는 태도로서 법의 법칙성에 문제제기를 하는 것입니다. 그러나 법의 서사화는 실패하고 마는데 그것은 서사화 속에서는 법칙이 상대화되므로 그것을 법(규범)이라 할 수 없을 것이기 때문입니다.[285]

바울은 약속(언약)과 관련하여 (율)법에 앞서는 시간성의 우선성에 대해 말합니다. 하나님은 율법이 있기 전 430년 전에 아브라함과 언약을 맺으셨다는 것입니다. 이것은 약속 이후에 온 율법이 약속을 대체한 것이 아니라 약속이 함축된 법이 출현했다는 것을 의미합니다. 그러므로 바울에게 법은 약속을 위한 부속조항이지, 하나님의 약속과 상반되는 것이 아닙니다. 그럼에도 이런 논의에서 법은 기원을 갖고 있지 않습니다. 법은 약속과의 관계에서 시간적 공백과 서사성이라는 맥락을 갖습니다. 나아가 법의 상대화는 여기서 끝나지 않고 법의 무용론으로 이어지는 운명을 지고 있습니다.[286] 율법 너머에서 법과 같은 어떤 것이 출현해야 할 운명입니다. 그래서 상대적인 법이 아닌 절대적이고 불변적인 법, 즉 법 그 자체(law itself) 또는 법으로서의 법(law as law)이 필요합니다. 바울에게 율법을 완성하는 법이 필요하며 율법을 넘어서 존재하는 다른 법이 필요합니다. 율법으로는 정의롭게 될 수 없지만 하나님의 정의(신적 정의)에 의해 정의롭게 되어야 하는 요청이 남아 있기 때문입니다.

바울의 '율법 이전의 신적 정의'

바울이 말하는 하나님의 정의(신적 정의)는 율법과 구별되는 정의인데 율법보다 우선한다는 점에서 율법 이전의 정의입니다. 신적 정의는 법이 있기 전에 있었습니다. "나는 복음을 부끄러워하지 않습니다.…그 안에서 하나님의 정의가 드러납니다."(로마서 1:16-17) 이 구절은 신적 정의는 인간의 불의를 통해 확인되고 더욱 선명해진다는 점을 말해줍니다. 신적인 정의는 인간적 불의와 반대되는데, 그래서 바울은 인간의 불의에 대해 기소합니다. 그는 "하나님의 진노가 진리를 불의 속에 가두는 모든 인간적 불경건함과 불의함에 대하여 하늘로부터 드러납니다"(로마서 1:18)라고 이어서 밝히고 있습니다. 그렇다면 신적 정의는 어떻게 실현될까요? 그것은 하나님의 약속에 의해 출현한 메시아의 시간성과 서사화에 의해 가능합니다. 그것은 법의 규칙성에 균열을 내는 메시아의 사건과 기입에 의해 가능해졌는데, 바로 그것이 신의 메시아의 신실함(로마서 3:22) 이기도 합니다. 신의 신실함은 정의 그 자체이자 정의의 가능성이 며 현실화이기도 합니다. 인간의 불의는 신적 정의를 요청하게 되 고 분노를 불러옵니다.

바울에게 있어 아브라함이 정의롭다는 것은 법 이전에(before) 그 렇다는 의미입니다. 바울은 할례의 문제를 다룰 때에도 율법 이전 에 할례가 있었다고 말합니다. 약속(또는 약속에 의한 계명)이 먼저이 지, 법체계가 먼저가 아닙니다. 바울은 율법에 앞선 정의에 대해 줄 곧 강조합니다. 바울에게 정의는 법 이전의 약속에 의한 것이고 법 을 상대화함으로써 가능하다고 한 것입니다. 약속은 율법에서 나 오는 것이 아니라 약속에 의해 율법이 구현되고 완성됩니다. 그 런 후에 믿음과 정의를 연결시킵니다. 믿음은 행위(순종)와 다른 성 격의 정의를 실현하는 방편인데, 순종이 율법의 규칙과 규범에 대 한 순종이라면, 정의는 율법의 순종을 넘어 오히려 그것을 해체함 으로써 새로운 차원에서 순종하는 믿음의 과정입니다. 그리스도 가 모든 사람을 위해 순종하심으로써 율법의 완성(끝)이 된 것(로마 서 10:4)도 이런 맥락에서 이해해야 합니다. 그리스도의 믿음과 신 실함이 정의를 가능하게 하며 현실적인 율법의 정의를 가능하게도 합니다.

3. 정의와 법의 (불)가능성

데리다는 탈구축적 방식으로 정의를 해명하려고 합니다. 데리다의 기획을 단순하게 정리해보면 다음과 같습니다. 데리다는 법과 정의를 대립적으로 구분하는 방식으로 접근하지 않습니다. 말하자면 '법 반대편에 정의가 있다'는 식이 아닙니다. 그렇다고 '법 아닌 정의'를 말하지도 않습니다. 오히려 그는 '법 너머의 정의'에 대해 말하는데, 법의 한계를 넘어서는 정의에 대해 말해야만 법 자체에 대해 말할 수 있는 공백을 만들 수 있기 때문입니다.

> 이중 긍정과, 교환 및 분배를 넘어서는 선물, 결정 불가능한 것, 공약 불가능한 것이나 계산 불가능한 것, 독특성과 차이, 이질성에 대한 담론들 역시 모두 적어도 정의에 대한 우회적 담론들이다.[287]

법 너머의 정의에 대해 말하려면 법을 규정하는 규칙과 법칙, 또는 규범이나 단정적인 기준을 빗겨가야 할 것입니다. 데리다는 이러한 방식을 간접적인 방식 또는 우회적 방식이라고 말합니다. 데리다가 정의에 대해 말하면서 직접적이고 명료하게 구분하는 방식으로 접근한다면 정의는 어떤 규범에 종속될 것입니다. 이런 점에서 정의는 법 너머에 있습니다.

법의 강제력과 아포리아적 상황

데리다의 정의는 허가된 권위, 스스로를 정당화하는 힘이라는 법 너머에 대한 사유를 열어놓습니다. 정의를 법으로 국한하려고 하는 힘의 관계에 대한 사유야말로 정의에 대한 이해를 넓혀 놓을 것입니다. 이는 필연적으로 다음과 같은 법의 강제성에 대한 이해를 요구합니다.

> 법은 항상 허가된(권위를 부여하는) 힘이라는 것, 곧 스스로를 정당화하는 힘이라는 것을 내재적으로 상기시켜주는, 힘에 대한 직접적인 문자 상의 암시를 상실하게 된다. 힘이 없이는 법도 없다는 것을 칸트는 매우 엄밀하게 환기시킨 적이 있다. 적용 가능성이나 '강제성'은 법에 대하여 보충적으로 추가되거나 추가되지 않을 수 있는 외재적이거나 부차적인 가능성이 아니다. 그것은 법으로서의 정의 개념 자체에, 법이 되는 것으로서의 정의, 법으로서의 법 개념 자체에 본질적으로 함축되어 있는 힘이다. 여기서 나는 곧바로 어떤 정의의 가능성, 곧 단지 법을 초과하거나 그것과 모순될 뿐만 아니라 아마도 법과 무관하거나 또는 그것과 기묘한 관련을 맺고 있어서 법을 배제하면서도 법을 요구하는 어떤 정의, 심지어 어떤 법의 가능성을 유보해보고자 주장하고 싶다.[288]

정의의 요구는 외부에서 법에 추가될 수밖에 없는 일종의 힘이나 강제성입니다. 그래서 정의는 법이 되기도 하지만 법을 가능케도 하기에 법을 초과합니다. 곧 정의는 법과 모순을 일으키고 법을 배제하면서 법을 불가능하게 만들기도 합니다. 이처럼 법을 배제하는 정의의 기능이 필요한 이유는, 강제하고 적용될 가능성을 항상 함축할 수밖에 없는 법의 특성상 이러한 적용 가능한 법의 강제력이 정당한 힘인지 아니면 폭력적 힘인지를 구별해야 하기 때문입니다.

　법의 힘과 법의 불가능성에 대한 데리다의 사유는 결국 힘의 차이적 성격에 대한 논의로 이어집니다. 이는 '차이적 힘, 힘의 차이로서의 차이, 차이로서의 힘 또는 차이의 힘으로서의 힘'에 대한 논의인데, 여기서 차이는 데리다의 의하면 '차이화되고/지연되고 차이화하고/지연하는 힘'입니다.[289] 데리다는 법의 힘과 정의 사이에 대해 사유하려면 '차이화 되는 힘'의 성격에 대해 물어야 한다고 보는 것입니다. 결국 이 차이의 힘에 대한 물음은 '힘과 형식 또는 힘과 의미 작용사이의 관계'가 무엇인지를 규명하는 물음과도 같습니다. 이른바 언어 수행적 힘, 즉 발화 수반적이고 발화 효과적인 힘 사이의 교환적인 역설적인 상황들이 법과 정의의 문제에 연관되어 있습니다. 그래서 데리다에게 법의 강제력은 법 자체의 규범성을 초과하면서 차이화 되는 역설적인 상황적 아포리아에 봉착합니다. 정의는 항상 이러한 아포리아적 경험을 요구합니다. 정의는 경험할 수 없는 어떤 것에 대한 경험이고 불가능한 것에 대한 경험이기 때문입니다.

계산 가능한 것과 계산 불가능한 것

데리다는 법은 정의가 아니고 법은 계산의 요소라고 말합니다. 법의 보편성(일반성)은 단독성과 개인들 및 집단들 간의 대체 불가능한 실존들을 일반성으로 대체하려는 특성이 있습니다. 즉 법의 보편성은 타자로서의 타자 또는 나 자신과 관계된 정의의 행위의 독특성을 제거하고 일반적인 형식을 취하는 규칙, 규범, 가치 등으로 대체해버리려고 합니다. 정의와 관련된 것은 단독적인 것이고 법과 관련된 것은 일반적인 규칙이자 규범적인 것입니다. 정의의 요구는 이런 차원에서 보편화할 수 있고 계산 가능한 것 너머, 즉 법의 형식 바깥에 있습니다.

> 법은 정의가 아니다. 법은 계산의 요소며, 법이 존재한다는 것은 정당하지만, 정의는 계산 불가능한 것이며, 정의는 우리가 계산 불가능한 것과 함께 계산할 것을 요구한다. 그리고 아포리아적인 경험들은 정의에 대한, 곧 정당한 것과 정당한 것 사이의 결정이 결코 어떤 규칙에 의해 보증되지 않는 순간들에 대한 있을 법하지 않으면서도 필연적인 경험들이다.[290]

그렇다면 데리다가 법의 불안정성을 선호하는 것일까요? 만약에 그렇지 않다면 법을 불완전하게 만들고, 법을 고정되어 있지 않은 운동 가운데 두고, 정의와 법의 불안정한 구분을 그대로 두면서 오는 장점은 무엇일까요? 그것은 법의 불의(injustice) 자체를 고발하는 것입니다. 데리다는 파스칼[291]과 몽테뉴[292]에 대한 논의를 끌어들이면서 지배적인 힘이 작용하는 사법적인 힘의 이데올로기("권위의 신비적인 힘"), 즉 법의 상부구조에 의한 법의 침식 현상을 비판합니다. 법 개정의 역사는 법의 이러한 성격을 잘 보여줍니다.[293] 법 개정은 항상 현행하는 질서체계가 정의롭다는 것을 전제로 하여 개정되는 것이므로 법의 질서체계를 정당화하는 법적 행위라고 할 수 있기 때문입니다. 말하자면 법 개정은 현행 질서가 긴급한 개정의 사안을 필요로 할 때 발생하는 것입니다. 따라서 법 개정은 법의 정의를 추구하는 것은 사실이지만, 다른 측면에서 보면 필연적으로 권력자들의 이해관계를 매개로 하든지 그것에 종속된 형태로 시작할 수밖에 없는 한계를 지니는 것입니다.

그럼에도 불구하고 법과 정의는 서로 구분이 불가능합니다. 왜냐하면 법은 정의의 이름으로 실행되기를 요구하고, 정의는 집행되는 힘이 없이는 실현 불가능하기 때문입니다.

법 또는 — 이렇게 말하는 편이 낫다면 — 법으로서의 정의의 이러한 해체 가능한 구조는 해체의 가능성을 보증해주는 것이기도 하다. 법 바깥에 또는 법 너머에 있는 정의 그 자체 — 만약 이런 것이 실존한다면 — 역시 해체 불가능하다. 해체는 정의다. 이는 아마도 법(내가 계속해서 정의와 구분해보려고 시도할)이 관습과 자연의 대립을 넘어서는 의미에서 구성 가능하기 때문일 것이며, 이것이 구성 가능하고 따라서 해체 가능할 것은, 그리고 더 나아가 이것이 해체 일반 또는 적어도 항상 근본적으로 법과 법적 주체의 문제들을 취급하는 어떤 해체의 실행을 가능하게 해주는 것은 아마도 이것이 이러한 대립을 넘어서는 한에서일 것이다.[294]

법과 정의를 선명하게 구분하려고 해도 그것은 불가능합니다. 법과 정의는 완전히 일치하지 않기 때문에 이 둘을 혼동하거나 혼합해서는 안 되지만, 법과 정의를 구분할 때의 법의 불가능성은 반드시 정의의 가능성을 내포해야 합니다. 그런 점에서 법의 해체는 법에 대한 붕괴가 아니라, 법에 대한 새로운 사유입니다. 해체(또는 탈구축)의 본질은 사유를 무기력하게 하는 것이 아니라 사유를 운동에 두는 것입니다. 그리고 해체는 사유를 위한 가능한 공간을 열고 사유에 필요한 공간내기(espacement) 또는 그러한 공간내기에 대한 사유입니다. 법과 정의의 사유에서도 이러한 해체적 사유가 적용되어야 합니다.

정의와 유령성

데리다의 정의와 법의 구분의 불가능성에 대해 사유하려면 그의 유령성에 대한 논의가 도움이 될 것입니다. 데리다는 '사는 법에 대해 배우는 것'은 살아 있는 자기 자신이 반드시 죽은 자에 대한 주제를 전제로 하고 시작하는 배움이라고 말합니다. '살아가는 법'은 죽은 자의 흔적을 논하지 않고는 불가능한 작업인 셈입니다.

사는 법을 배운다는 것, 그것을 순전히 자기 자신으로부터/자기 혼자서 배운다는 것, 자기 자신에게 사는 것을 가르친다는 것("마지막으로 사는 법에 대해 배우겠습니다.")은 살아 있는 존재자에게는 불가능한 것이 아닌가?…오직 타자로부터 죽음을 통해서만 배울 수 있다. 어떤 경우든/어쨌든 타자로부터 삶의 가장자리에서, 내적인 가장자리 또는 외적인 가장자리에서, 그것은 삶과 죽음 사이에서 이루어지는 타자에 의한 교육인 것이다.[295]

사는 법을 배운다는 것은 필연적으로 삶 속에서만 존재하는 것도, 죽음 속에서만 존재하는 것도 아닙니다. 그것은 양쪽에 모두 속하는 둘 사이에서 발생하는 환영과 함께함으로 가능한 것입니다. 유령이 존재하지 않는다고 하더라도(결코 그 자체로 현존하지 않는다고 하더라도) 사는 법을 배우기 위해서는 일정한 유지와 지속의 노력, 대화의 과정, 동행과 견습과정 등이 필요합니다. 이 과정에서 환영들과 직접적으로 교류하지는 않지만 함께함의 형식으로 배웁니다. 즉 교류 없는 교류를 통해, 환영들과 함께함을 통해 배우는 것입니다. 이것은 더 나은 삶을 살기 위해서가 아니라 더 정의롭게 살기 위해 환영들과 함께 배우는 것입니다.

거기에 함께 없이는 어떠한 타자와 함께 존재하기도, 어떠한 사회적 관계도 없다. 그리고 이러한 유령들과 함께 존재하기는 또한, 단지 그럴 뿐만 아니라 또한, 기억과 상속, 세대들의 정치일 것이다.[296]

사는 법을 배우는 것 자체는 환영과 함께 살기의 불가능성입니다. 이처럼 불가능한 삶에서 유령은 오히려 우리의 삶을 가능하게 합니다. 살아 있지 않는 것들과 함께하는 것 없이는 타자로부터 오는 정의로운 삶은 불가능합니다. 이러한 유령적 존재에 대한 물음 없이 앞으로의 삶에 대한 가능성에 대한 질문은 의미가 없을 것이기 때문입니다.

현재 살아 있는 것/생생한 현재를 은밀하게 어그러지게 하는 것 없이는, 거기에 있지 않은 이들, 더 이상 현존하지도 살아 있지도 않거나 아직 현존하지도 살아 있지도 않은 사람들과 관련된 정의에 대한 존중 및 이러한 책임 없이는, "어디로?", "내일은 어디에?", "어디로 whither?" 같은 질문을 던지는 것은 무슨 의미가 있겠는가?[297]

이런 질문은 장래에서 도착하기 때문에, 즉 장래로부터 도래하기 때문에 어떠한 현존도 초월합니다. 살아가는 것에 대한 정의로운 문제는 "어떤 분리나 이접 또는 비대칭의 운동에 의거하여, 곧 자기와의 불일치 속에서" 가능하게 하는 그 무엇입니다. 그래서 정의는 "내 삶이나 우리의 삶과 같은 현존하는 삶을 넘어서는" 그 무엇입니다. 데리다는 이러한 삶을 '경계 위에서의 삶'이라고 명명합니다.

이러한 정의가, 현존하는 생명 너머로 또는 이 생명의 현실적인 거기에 있음 너머로, 그것의 경험적이거나 존재론적인 현실성 너머로 생명을 이끌어 간다는 것을 전제한다. 죽음을 향해서가 아니라, 경계 위에서의 삶을 향해, 곧 삶이나 죽음이 그것의 흔적들이며 흔적의 흔적들일 어떤 흔적을 향해, 그것의 가능성이 미리, 현재 살아 있는 것/생생한 현재 및 모든 현실성의 자기 동일성을 어긋나게 하거나 어그러지게 한 어떤 경계 위에서의 삶을 향해. 이렇게 되면 어떤 정신/혼령이 존재한다. 정신들/혼령들이 존재한다. 그리고 그것들을 고려해야/셈해야 한다. 우리는 하나 이상인 그것들을 고려하지/셈하지 않을 수 없으며, 고려할/셈할 수 있어야 한다. 하나 이상인 그것을/더 이상 하나가 아닌 그것을.[298]

현존하는 삶은 '경계 위에서의 삶'인데 이는 아직 태어나지 않은 자와 죽은 자들과의 관계가 중첩되고 혼재하는 자기 동일성이 어긋나 있는 삶입니다. 이 어긋난 삶의 층위에 타자가 끼어들어 있고 또 하나 이상으로 존재하기에 나와 함께 그들을 고려하고 계산해야 하지만 보이지 않는 하나 이상으로 현존한다고 할 수 없기에 그들을 계산할 수도 없습니다. 그러나 반드시 그들을 고려하고 셈해야 한다는 것이 정의의 촉구이며 이것이 정의의 계산 (불)가능성이기도 합니다.

(율)법의 (불)가능성

바울도 율법을 비판하고 정의의 우선성을 강조하기는 하지만 그렇다고 법의 파괴를 주장하는 것은 아닙니다. 오히려 바울은 율법의 정의를 생산할 능력은 없지만 필연적으로 정의의 기획과 약속을 내포한다고 말합니다. "그렇다면 우리가 율법을 폐합니까? 결코 그럴 수 없습니다. 도리어 율법을 굳게 세웁니다"(로마서 3:31). 바울은 신적 정의가 이 사회에서 발현되고 구현되고 적용되는 것을 무조건적으로 비판하고 있지는 않습니다. 바울에게서 정의는 법을 통해서도 실현됩니다.

그럼에도 불구하고, 바울은 법의 한계를 분명히 지적합니다. 바울에게 법은 죄가 무엇인지, 불의의 심각성이 무엇인지를 인지하게 하고 각성하게 합니다. 법은 정의를 능동적으로 제시하고 수행하기 전에 왜 정의의 실현이 쉽지 않은지 그 현실의 조건을 드러내 줍니다. 이것은 어떤 의미로는 법만으로서는 정의를 실현할 수 없다는 말이 될 수도 있습니다. 왜냐하면 "율법을 통해서는 죄에 대한 지식이 올 뿐"(로마서 3:20)이기 때문입니다. 그렇다면 율법은 정의와 어떤 관계가 있을까요? 법은 정의와 동일하지 않지만 정의를 지시하거나 정의에 대해 증언할 수 있습니다. 율법이 불의를 생산하는(또는 불의를 직시하는) 곳에 있지만 율법은 정의를 지시하고 정의의 이름을 기입합니다. 나아가 정의의 요구를 예시한다면 정의를 구현하는 수단으로 사용될 수 있습니다. 이것이 정의는 율법 바깥에 있는 것이 확실하지만, 정의는 율법을 폐기하는 방식으로 율법과 관계 맺기보다 율법을 완성하는 방식으로 관계 맺는다고 하는 말의 의미입니다.

바울의 관점에서 보면 율법은 생명을 겨냥하여 그것을 성취하려고 하지만 결국 죽음을 가져오고 맙니다(로마서 7:10). 율법은 거룩하고 계명도 거룩하고 정의롭고 선한데(로마서 7:12) 율법은 정의가 아닌 불의를, 생명이 아닌 죽음을 초래하도록 직동합니다. 이러한 율법의 양가성이야말로 율법의 (불)가능성의 다른 이름입니다. 이처럼 법의 양가성은 법과 정의의 관계가 나타내는 양가성인데, 법은 정의의 요구와 요청을 표명하는 동시에 그것들을 배신합니다. 그런 점에서 율법은 정의를 수행하기를 요청받으면서도 동시에 정의를 실현하기에 불가능한 자리입니다.

법의 불가능성과 관련하여 한 가지 상기해야 할 내용이 있습니다. 바울이 말하는 법의 타락에 관한 것입니다. 이 법의 타락은 법이 들어와 죄가 늘어나는 현상에 관한 것입니다(로마서 7:20). 법이 결국 민족적, 국가적, 인종적, 이념적 이익을 대변하는 수단으로 변질되는 현상에서 이 점은 확인됩니다. 법은 필연적으로 소유(또는 소유격)의 법일 수밖에 없고, 더불어 자본적 확장의 강제력을 보호하는 법입니다. 데리다는 민주주의 국가의 법이 수많은 기아와 질병에 의한 희생을 무관심하게 할 뿐만 아니라 오히려 그러한 '희생'을 필요로 하는 방식으로 작동하고 있다고 비판합니다. 이것은 인종주의와 종교근본주의의 테러 및 테러리즘에서 잘 드러납니다. 테러에 대한 합법적 대항폭력은 이른바 '문명'을 가장한 법의 이름으로 많은 약한 자들의 희생을 강요합니다. 법이 문제를 해결하기보다 범죄의 책임을 왜곡하고 전치하는 기제로 작동하는 것입니다.

율법이 폐기되지 않고 완성되는 것은 어떻게 가능할까요? 그것은 바울이 갈라디아서에서 "서로의 짐을 져 주고, 이를 통해 메시아의 법을 성취하십시오"(갈라디아서 6:2)라고 말하는 구절에서 확인할 수 있습니다. 율법이 정의를 구현하는 길은 환대를 필연적으로 요청하는 맥락에서 가능합니다. 이 환대야말로 율법과 정의의 공리이자 정의의 이름이기도 합니다.

4. 법 너머의 정의와 환대

보복적 정의와 분배적 정의 너머와 환대

데리다의 정의는 보복과 분배의 개념을 넘어서는 것입니다. 보복의 악순환의 연결고리를 끊는 방법은 그 고리를 해체(탈구축)하는 방법밖에 없습니다. 법은 끊임없는 보복과 번민의 악순환을 선동하는 형식을 갖추고 있기 때문입니다. 법과 정의의 불일치의 길을 내는 것이 정의를 잘 이해할 수 있게 합니다. 보복 및 정당하게 주어질 것에 대한 계산을 중단하는 것이야말로 정의를 가능케 하는 길입니다. 이것이 타자에 대한 선물과 단독성으로서의 정의를 위하는 길입니다. 타자들에 대한 관계, 그것이 정의입니다.

나 자신을 초과하는 타자가 출현하는 자리 그것이 정의의 자리이자 정의 그 자체입니다. 난민의 지위와 관련하여 국가적 논리로 그들을 다룬다면 법은 그들의 지위를 상정할 수 없습니다. 여기에 필연적으로 난민의 지위에 대한 초국가적 법, 즉 법의 정의에 대한 촉구가 따라옵니다. 법이 아니면서도 법 안에 필연적으로 함축되고 있어야 할 특정한 법 너머의 환대라는 법이 바로 그것입니다. 그래서 환대는 매우 독특하게도 이율배반적입니다.

> 환대의 법과 환대의 법들 사이엔 해결할 수 없는 이율배반, 변증법화할 수 없는 이율배반이 있는 듯하다. 한편 환대의 법은 무제한적 환대에의 무조건적인 법(도래자에게 자신의 자기-집과 자기 전체를 줄 것, 그에게 자신의 고유한 것과 우리의 고유한 것을 주되 그에게 이름도 묻지 말고 대가도 요구하지 말고 최소의 조건도 내세우지 않을 것)인가 하면, 다른 한편 환대의 법들은 언제나 조건지어지고 조건적인 권리들과 의무들로서, 그리스-라틴 전통이, 유대-그리스도교적 전통이 규정하고 있으며, 칸트 그리고 특히 헤겔까지의 모든 권리[법]와 모든 법철학이 가족·시민사회·국가에 걸쳐 규정하고 있는 환대의 권리들과 의무들이기 때문이다.[299]

환대의 법은 다수적인 법들 너머에 있습니다. 이 다수의 법들은 이미 독특성을 전제로 구축되어 있어서 서로 배타적입니다. 환대의 법은 보편적인 법으로서 이들의 독특성(단독성) 너머에 있으므로 상호부조화를 이룹니다. 그럼에도 환대의 법은 이 다수성의 법들을 필요로 합니다. 더 나아가 환대의 법은 다수성의 법을 새롭게 구성합니다. 그 법들이 확정된 법이 아님을 선언하고 촉구하며 전복의 가능성을 잠재하게 합니다. 따라서 환대의 법, 즉 정의는 보복적이고 분배적이고 독단적인 법을 탈구축함으로써 서로 분리 불가능하지만 동시에 상호 내포하면서 배제합니다.

종말론적 정의와 새로운 권리

앞에서 데리다의 유령성에 대한 논의에서도 다루었듯이 데리다의 정의는 권리의 문제와 관련되어 있습니다. 그 이유는 정의가 죽은 자들과 아직 태어나지 않은 존재자들의 권리를 바로잡는다는 종말론적인 성격을 가지기 때문입니다. 현실적인 정의를 넘어서 앞으로 그렇게 되어야 할 약속으로서의 정의는 항상 종말론적인 차원을 지닙니다. 현존하지 않은 것들의 약속을 보증한다는 것은 현존의 논리 체계를 넘어선다는 것을 의미하니까요. 이것은 필연적으로 그런 존재자들에 대한 새로운 권리에 관한 사유를 요청합니다.

현재를 초월하여 미래에 공간을 열어놓는다는 것은 현존 체계를 고정해놓지 않고 비판을 위한 공간으로 열어놓겠다는 말입니다. 그리고 정의를 항상 일치(adequation, 적합성)만을 요구하는 안정적인 체계나 질서로 이해하고 그것의 보존만을 요구하는 법적 논리에 대항하는 길을 만드는 것이기도 합니다. 데리다는 정치적으로는 전체주의를 경계하고 있는 것입니다. 종말론적인 메시아주의는 언제나 정의와 도래할 것의 초월성을 제거하고 이미 그것들이 완수되었거나 완결된 것으로 규정할 위험이 있습니다. 완결되고 완수된 법의 체계에서는 배제만 존재할 뿐이며 이는 새로운 권리들에 대한 새로운 논의를 질식시킬 수밖에 없습니다. 하지만 앞으로 도래할 것이 남아 있고 최후 심판이 기다리고 있다는 종말론적 정의는 모든 안정적인 것에 동요를 일으키고 불일치를 만들어냄으로써 새로운 권리를 가져야 할 존재들을 현실에서 끊임없이 상기시킵니다.

바울의 '보복적 정의와 도래할 정의'

바울은 보복적인 방식으로 정의를 실현하는 것을 경계합니다. 진정한 정의는 신적 정의를 도입하여 율법의 위반을 계산하지 않거나 더 이상 계산할 필요가 없는 방식의 '용서'라는 개념을 통해 실현됩니다. 신의 진노야말로 유일한 진노이기 때문에 신적 정의는 되갚음, 복수, 보복을 폐기할 뿐만 아니라 공로(merit) 역시 폐기합니다. 정의의 주체는 신에게 있으며 유대인이든 이방인이든 하나님의 진노(정의)로부터 자유로울 수 없습니다.

> 정의는 통상 마땅히 주어져야 할 것에 따라 주어짐을 의미하지만, 또한 그런 만큼이나(심지어 그보다 더) 마땅히 주어져야 할 것을 넘어서는 주어짐이기 때문이다. 달리 말해, 정의는 신적인 정의의 선물을 받아야 할 공로 없는 또는 가치 없는 특성을 유지함으로써 셈해지거나 혹은 설명될 수 있는 초과라는 것이다.[300]

바울은 정의를 '마땅히 주어져야할 것이 주어지는 것'으로 일반적으로 이해하는 방식을 거부하지는 않습니다. 그러나 바울은 신적 정의는 그 너머에 있다는 점을 강조합니다. 신적인 정의는 공로 없는 자들(행위로 자신의 정의를 실현할 능력이 없는 자들)에게 선물로 주어지는 것이라고 말합니다. 셈해지지 않고 밝혀지지 않는 존재자들이 셈해지고 드러나며 그들이 환대 받는 방식으로 정의는 도래하는 것입니다.

바울에게 정의는 종말론적인 유보에 의해서 도래하는 정의입니다. 이것이 바울이 정의를 다룰 때 믿음에 이어 소망(희망)을 언급하는 이유입니다. "우리는 이 희망[소망]에 의해 구원을 얻었습니다. 눈에 보이는 희망은 희망이 아닙니다. 보이는 것을 누가 바라겠습니까? 그러나 우리가 보이지 않는 것을 바란다면, 인내로써 그것을 기다려야 합니다"(로마서 8:24-25). 희망은 현존하는 것(보이는 것) 가운데서 보이지 않는 새로운 정의의 장소를 만들어내는 것입니다. 율법 너머 정의에 대한 소망이야말로 현존의 지평에 이미 도래하는 정의에 대한 열정이 생생하게 살아 움직이고 있음에 대한 증언입니다.

더 읽을 만한 책

자크 데리다, 『법의 힘』, 진태원 옮김, 문학과지성사, 2004.

자크 데리다, 『마르크스의 유령들』, 진태원 옮김, 그린비, 2014.

자크 데리다, 『마르크스주의와 해체』, 진태원·한형식 옮김, 도서출판 길, 2009.

자크 데리다, 『환대에 대하여』, 남수인 옮김, 동문선, 2004.

자크 데리다, 『신앙과 지식/세기와 용서』, 최용호·신정아 옮김, 아카넷, 2016.

슬라보예 지젝 외, 『아듀 데리다』, 최용미 옮김, 인간사랑, 2013.

사토 요시유키, 『권력과 저항: 푸코, 들뢰즈, 데리다, 알튀세르』, 김상운 옮김, 난장, 2012.

강남순, 『코즈모폴리터니즘과 종교』, 새물결플러스, 2015.

에필로그: 바울과 '경계 위'의 사유

기독교의 역사는 동시대적인 현재적 물음과 도전에 항상 직면해 왔습니다. 역사는 특정한 공동체의 집단적인 견해와 개인의 자유로운 견해 사이에서 지속적인 긴장을 유지하며 진행되고 있다고도 할 수 있습니다. 역사는 우리와 나를 항상 '과거'라는 현재로 이끌고 '현재'에서 과거를 현상합니다. 개인은 일정한 공동체에 부분으로 소속되는 형식으로 정체성을 강요받기도 하지만, 국가주의나 전체주의적 공동체의 권력적 폭력에 대해 자유롭게 저항하기도 합니다. 권리를 보호받기 위해 공동체 소속이라는 법적 정당화도 중요하지만 개별자의 지위에 가하는 법적 폭력성에 대한 경각심도 중요합니다. 기독교인이라고 이러한 주제들로부터 자유로울 수 없습니다. 현재를 살아가는 동시대인으로서 물어야 할 질문들은 우리의 의지와 관계없이 '지금 여기서' 살아가기 때문에 주어지는 책임과 같은 것이기 때문입니다.

우리는 공동체와 주체(개인)라는 관계에 대한 질문과, 현실적 삶을 지속하는 시간성에 대한 물음, 그리고 법과 제도(정치)에서 정의와 진리에 대한 물음(정치적인 것)을 지속적으로 제기해야 합니다. 이는 인민에 대한 물음, 즉 민주주의 또는 민주주의 이후에 대한 물음이자 실천에 관한 문제이기 때문입니다. 단순히 교회의 정체성을 보호하고 기독교의 변증이나 선교의 목적에서 인문학과 철학적 담론을 살피는 수준을 넘어서야 합니다. 기독교의 정체성도 기독교 바깥의 타자적인 것(이질적인 것)과의 지속적인 겹침의 과정에서 형성되어 왔다는 사실을 인정해야 합니다. 기독교는 사회적 구성원으로서 공동적으로 갖는 사유와 실천을 위한 고민의 책임이 있고 또한 그렇기 때문에 우리시대의 한계를 넘어서야 하는 책무도 공동적으로 가집니다.

심지어 무신론에 대해서도 마찬가지입니다. 단순히 무신론을 기독교가 비판해야 할 대상으로 볼 것이 아니라 시대적인 문제의식에서 바라볼 필요가 있습니다. 그런 전제 하에서 오늘날의 기독교가 사용하는 언어의 문제를 재고해보면 어떨까요? 기독교의 언어가 지나치게 게토화되어 있고 배타적이라는 점을 감안하면 오히려 철학자들이 신학이나 성서의 주제를 다루는 방식을 때로 참조해보는 것도 나쁘지 않을 것입니다. 이는 동시대의 담론을 특정한 공동체에서 타자가 되어 다뤄보는 방식이기 때문입니다. 공존이 서로의 곁에 있는 것이라고 한다면 새로운 변화에 대해서도 서로 곁에 있을 수 있어야 하지 않을까요.

필자는 한국의 기독교에 근본적인 변화가 있어야 한다고 생각합니다. 여러 방향에 대한 논의가 가능하겠지만 필자는 이 책에서

한 가지 주제에 집중했습니다. 바로 동시대적 담론에 어떤 식으로든 참여하는 것입니다. 동시대인으로 살아가는 것, 이것은 현재를 살아가는 자들에게 모두 자연스럽게 요청되는 책무입니다. '기독교다움'을 상실했기 때문에 '기독교다움'을 회복하자는 운동이 무엇을 의미하는지는 모르겠으나, 이런 주장의 가장 큰 문제는 그 '다움' 즉 '순수' 공동체에 대한 갈망은 불가능하다는 점과 이를 통해 사회적 배타성이 더욱 강화된다는 점입니다. 그렇다고 기독교의 갱신의 가능성을 단순히 시대적인 적응력을 높이는 문제로 치부하고 싶지는 않습니다. 변화하는 시대에 맞게 기독교의 가르침을 변개하라고 제안하는 것은 아닙니다. 기독교는 기독교 공동체의 유지와 선교를 위해 변증적 차원을 지속적으로 물어온 역사를 갖고 있으니 기독교 공동체의 독특한 정체성도 인정해야 할 것입니다.

하지만 기독교 내의 개인이나 단체가 어떤 종교적인 사유와 행동을 하든지 그런 행위들은 이미 사회적이고 정치적인 것이 된다는 점을 아는 것이 중요합니다. 기독교의 공동체성을 강조하는 것이야 일정한 집단의 생존과 유지를 위해 필요한 노력이지만, 적어도 기독교 공동체가 사회의 다른 공동체와의 관계 속에서 어떤 형식적 연관을 갖고 있다는 점을 간과해서는 안 됩니다. 기독교 공동체의 행위는 그것이 무엇이든지 간에 이미 사회적 구성관계를 조직하고 공유하고 있다는 점을 전제로 이루어집니다. 만약 이런 관계성을 이해하지 못하고 기독교의 정체성을 추구한다면 그것은 단지 기독교 집단이기주의 그 이상의 시도가 되지 못할 것입니다. 그러한 조건에서 이루어지는 기독교의 변혁은 배타적인 방식으로 계속 진행될 것이고 결과적으로 기독교는 점점 게토화되고 말 것입니다.

학문의 영역뿐만 아니라 일상의 공간에서 우리는 이미 많은 것을 타자들과 공유하며 살아가고 있습니다. 정치적인 것은 신학적인 것과 긴밀한 연관성 속에서 연계되어 있습니다. 공적인 영역을 어떻게 규정하든 이미 우리의 사적 영역은 공적 영역과 상호 영향 관계에 있다고 인정해야 합니다. 기독교 중심성과 우위성만을 고수하고 타자적인 것과 관계하겠다는 태도는 자칫 사회적 배타성만 불러올 여지가 높습니다. 철학이 종교적인 것은 정치적인 것과 다르지 않다는 점을 간파해내듯이, 기독교는 철학과 타학문에 대한 개방적 태도를 통해 신학적인 것과 정치적인 것의 관계에 대해 능동적으로 연구해야 할 것입니다. 신학은 동시대의 철학과 학문이 포착하는 문제의식을 진지하게 고려해야 합니다. 이질적인 것을 접속하지 않고는 새로운 변화도 불가능하다는 점에서 결국 그런 기독교는 갱신을 기대할 수 없는 안타까운 처지에 빠지고 말 것입니다.

기독교의 신학이 적용되는 일차적인 공동체는 기독교의 독특한 영역이라고 할 수 있는 교회입니다. 현실은, 이 교회라는 울타리에서 자기들만을 위한 '신앙 언어'를 양산하고 그 신앙이 사회와 삶의 자리에서 차지하는 의미를 질문할 수 있는 생생한 언어로 거듭나지 못하고 있습니다. 지나치게 신앙적이고 목회적 용어에 제한되어 있는 신앙의 양태들도 문제이지만 더 큰 문제는 목회자 중심적 신학양상입니다. 기독교의 갱신은 제도적 갱신이 아니라 신학적인 갱신이라고 할 수 있는데, 신학적 패러다임이 바로 종교생활의 양식과 직결되기 때문입니다. 교회만을 위한 신앙과 신학은 자기 정체성을 강화하기 위해 외부로부터 오는 '오염'과 공격들을 미리 차단하겠다는 논리에 지나지 않습니다. 자기 정체성 강화를 위한 신학방법론은 기독교 공동체 자체의 해방과 갱신으로부터도 점점 멀어지게 할 것입니다. 따라서 이제라도 한국교회는 다양한 현장 및 사회적인 담론들과 접속해야 합니다. 생생하고 다양한 현장에서 불특정 다수와 소수자의 곁에 있으려는 자세가 무엇보다 중요합니다. 그렇지 않고 이질적인 존재자들과의 접속과 연대를 꺼리는 방식으로 종교와 신학의 논의가 진행된다면 그런 종교집단은 사회적으로 해악을 끼칠 가능성이 높습니다.

타자적인 것을 자기 방식으로 소화하려고 하지 말고 타자적인 것을 '있는 그대로' 직면하는 태도가 먼저 중요합니다. 학문과 담론의 계보학을 존중해야 합니다. 페미니즘은 페미니즘 고유의 논쟁의 역사가 있고 성소수자 담론은 다양한 내적인 논쟁들이 있습니다. 과학은 과학적인 것이 갖는 특수한 논리가 있습니다. 그럼에도 타자적인 것에 대한 충분한 고려 없이 공적인 장에 참여하겠다는 태도는 소통의 이름으로 무지와 독단의 폭력을 자행하는 것입니다. 철저하게 자기 동일성을 강화하는 데만 익숙한 공동체가 타자를 이해하는 태도는 자기 환원적일 수밖에 없습니다. 자기 정체성을 강화할 목적으로만 타자를 대하는 것이 얼마나 폭력적일 수 있는지를 고려해야 합니다. 기독교가 타자를 배려해야 한다는 당위적 선언만 반복해서는 안 됩니다. 모든 공동체는 어떤 형식으로든 이미 타자적인 것과 연루된 현실에 놓여 있다는 점을 인지하는 것이 무엇보다 중요합니다. 교회의 정체성을 삭제해야 한다는 말이 아닙니다. 문지방은 안과 밖을 나누는 경계이기도 하지만 들고날 수 있는 문이라는 '개방 가능성'이기도 합니다. 문턱이 경계 위에서 안팎을 공유하듯이 기독교는 교회 안과 밖을 진지하게 대해야 합니다.

동시대의 담론과 사유를 다룰 때 현시대의 중요한 담론인 페미니즘과 성 소수자 담론을 이 책에서는 다루지 못했습니다. 바울의 동시대적(현재) 논의에서 이 두 가지 영역만큼 중요하면서도 시급한 기독교의 과제는 없을 것입니다. 본서에는 담지 못해 아쉽지만 다른 기회에 이 주제를 다루는 글을 써보려고 합니다. 어쨌든 급변하는 시대에 기독교는 적어도 동시대의 담론의 흐름만큼이라도 제대로 이해하고 배우려는 기본적인 태도를 잃지 않기를 바랍니다. 종교성과 세속성의 '경계 위 사유와 실천'을 견지할 수 있어야 합니다.

미주

1 E. P. 샌더스의 다음 두 책이 대표적이다.『사도 바오로-그리스도교의 설계자』, 전경
   훈 옮김, 뿌리와이파리, 2016.;『바울 율법 유대인』, 김진영 옮김, CH북스(크리스천
   다이제스트), 1995.

2 바울 관련 제임스 던의 책은『바울에 관한 새 관점』(최현만 옮김, 에클레시아북스,
   2012)과『바울신학』(박문재 옮김, CH북스, 2003)이 대표적이다.

3 톰 라이트,『바울과 하나님의 신실하심』상/하, 박문재 옮김, CH북스, 2015.

4 리처드 A. 호슬리 외,『바울과 로마제국: 로마 제국주의 사회의 종교와 권력』(*Paul
   and Empire: Religiom and Power in Roman Imperial Society*), 홍성철 옮김, CLC,
   2007.

5 『바울과 로마제국: 로마 제국주의 사회의 종교와 권력』, 17쪽.

6 리처드 B. 헤이스,『바울서신에 나타난 구약의 반향』(*Echoes of Scripture in the Letters
   of Paul*), 이영옥 옮김, 여수룬, 2017.

7 급진적 바울에 대한 연구서로 다음 도서를 참조하라. 마커스 보그, 존 도미니크 크
   로산,『첫 번째 바울의 복음』, 김준우 옮김, 한국기독교연구소, 2010; 카렌 암스트롱,
   『바울 다시 읽기』, 정호영 옮김, 2017, 김진호『리부팅 바울』, 삼인, 2013; 귄터 보른
   캄,『바울』, 허혁 옮김, 이화여자대학교출판문화원, 2006.

8 사이먼 크리츨리,『믿음 없는 믿음의 정치』, 문순표 옮김, 이후, 2015, 195-197쪽.

9 야콥 타우베스,『바울의 정치신학』, 조효원 옮김, 그린비, 2012.

10 카를 슈미트,『정치신학』, 김항 옮김, 그린비, 2010.

11 조르조 아감벤,『왕국과 영광』, 박진우·정문영 옮김, 새물결, 2016.

12 카를 슈미트,『정치신학』, 54쪽.

13 조르조 아감벤,『왕국과 영광』, 35쪽. 아감벤은 이 책에서 "신학은 그 자체 '오이코
    노미아적'인 것이지 그저 나중에 가서야 세속화를 통해 '오이코노미아적'이게 된
    것이 아님을 함축"한다고 말하고 있다. 오이코노미아 신학(경제신학)은 정치가 역
    사 속에서 어떻게 기입되고 작동되는지를 잘 보여주는 패러다임이다. 이런 점에서
    신학은 이미 '경영적' 정치학인 셈이다.

14 미셸 푸코,『안전, 영토, 인구-콜레주드프랑스강의 1977-78년도』, 오르트망 옮김,

난장, 2011, 167-191쪽을 참고할 것.

15 슬라보예 지젝,『죽은 신을 위하여』, 김정아 옮김, 도서출판 길, 2007.

16 프리드리히 니체,『안티크리스트』, 박찬국 옮김, 아카넷, 2013.

17 『안티크리스트』, 20-21쪽.

18 같은 책, 21쪽.

19 같은 책, 23쪽.

20 같은 책, 25쪽.

21 공상적인 세계를 허구적 세계라고 비판하는데 이는 기독교가 구축한 세계이다. 니체는 공상적인 것들을 다음과 같이 분류해서 자세하게 소개한다: 공상적인 원인(신, 영혼, 자아, 정신, 자유의지 등), 공상적인 결과(죄, 구원, 은총, 벌, 죄사함), 공상적인 존재들(신, 정신, 영혼), 공상적인 자연과학(인간중심적이며 자연적인 것 결여), 공상적인 심리학(후회, 양심의 가책, 악마의 유혹, 신의 임재), 공상적인 목적론(신의 나라, 최후의 심판, 영생) 등.『안티크리스트』, 42쪽.

22 『안티크리스트』, 42-43쪽. 강조는 니체의 것.

23 같은 책, 54-55쪽.

24 같은 책, 52-53쪽.

25 같은 책, 60쪽. 니체에게 데카당스는 윤리적인 문제가 아니라 심리적인 것이다. 허무주의적인 데카당스적 전략이라고 말할 수 있겠다. 이길 수 없으니 복종하면서 은근하게 세계를 지배한다는 전략. 이런 태도는 사제 그룹에게만 의미가 있는 전략이라고 비판한다.

26 같은 책, 74쪽.

27 같은 책, 81-82쪽.

28 같은 책, 95쪽. 강조는 니체의 것.

29 같은 책, 96쪽.

30 같은 책, 97-99쪽.

31 같은 책, 100-101쪽.

32 같은 책, 127-128쪽. 강조는 니체의 것.

33 같은 책, 56-58쪽.

34 같은 책, 132-133쪽.

35 같은 책, 133쪽.

36 같은 책, 134쪽.

37 사이먼 크리츨리,『믿음 없는 믿음의 정치』, 문순표 옮김, 이후, 2015, 195-196쪽.

38 알랭 바디우,『사도 바울』, 120쪽.

39 같은 책, 121쪽

40 마르틴 하이데거,『존재와 시간』, 이기상 옮김, 까치, 1998.

41 마르틴 하이데거,『종교적 삶의 현상학』, 김재철 옮김, 누멘, 2011.

42 『믿음 없는 믿음의 정치』, 223-224쪽.

43 같은 책, 226쪽.

44 『종교적 삶의 현상학』, 145쪽.

45 하이데거가 시간성에 주목하게 된 계기는 바울의 메시아적 시간 개념을 강의한
    것(『종교적 삶의 현상학』)이다. 그의 존재이해 특히 현존재 이해는 바울의 서신
    (갈라디아서, 데살로니가서, 고린도서 등)을 해석하는 과정에서 구체화했다고 해
    도 지나친 말은 아니다. "시간이 모든 존재이해 및 모든 존재해석의 지평으로서 밝
    혀져야 하며 진정으로 개념파악되어야 한다. 이것이 통찰될 수 있도록 하기 위해
    서는 시간을 존재이해의 지평으로서 존재를 이해하는 현존재의 존재인 시간성으
    로부터 근원적으로 설명하는 일이 필요하다."(『존재와 시간』, 35쪽.)

46 『존재와 시간』의 기본적인 개념들은『종교적 삶의 현상학』이 그 기초기 되었다. 현
    사실성이나 세계연관, 공동연관 등은 각각 현존재의 현사사실성, 세계-내-존재,
    공동존재나 공동현존재 등의 개념으로 발전한다.

47 『종교적 삶의 현상학』, 23쪽.

48 같은 책, 29쪽.

49 같은 책, 45쪽.

50 같은 책, 79쪽.

51 같은 책, 80-81쪽.

52 같은 책, 91쪽. "형제자매 여러분, 나는 아직 그것을 붙들었다고 생각하지 않습니
    다. 내가 하는 일은 오직 한 가지입니다. 뒤에 있는 것은 잊어버리고, 앞에 있는 것
    을 향하여 몸을 내밀면서"(빌립보서 3:13)

53 같은 책, 97쪽.

54 『믿음 없는 믿음의 정치』, 213쪽.

55 같은 책, 214쪽.

56 『종교적 삶의 현상학』, 139쪽. "아무도 이러한 온갖 환난 가운데서 흔들리지 않
    게 하려는 것입니다. 여러분도 아는 대로, 우리는 이런 환난을 당하게 되어 있습니
    다."(데살로니가전서 3:3) "하나님께서는 우리를 진노하심에 이르도록 정하여 놓
    으신 것이 아니라, 우리 주 예수 그리스도로 말미암아 구원을 얻도록 정하여 놓으
    셨습니다.(데살로니가전서 5:9)

57 『믿음 없는 믿음의 정치』, 220쪽.

58 『종교적 삶의 현상학』, 139쪽.

59 같은 책, 163쪽.

60 같은 책, 141쪽.

61 "형제자매 여러분, 내가 말하려는 것은 이것입니다. 때가 얼마 남지 않았으니, 이

제부터는 아내 있는 사람은 없는 사람처럼 하고, 우는 사람은 울지 않는 사람처럼 하고, 기쁜 사람은 기쁘지 않은 사람처럼 하고 무엇을 산 사람은 그것을 가지고 있지 않은 사람처럼 하고, 세상을 이용하는 사람은 그렇게 하지 않는 사람처럼 하도록 하십시오. 이 세상의 형체는 사라집니다. 나는 여러분이 염려 없이 살기를 바랍니다. 결혼하지 않은 남자는, 어떻게 하면 주님을 기쁘게 해 드릴 수 있을까 하고, 주님의 일에 마음을 씁니다."(고린도전서 7:29-32)

62 『종교적 삶의 현상학』, 144쪽.

63 같은 책, 146쪽.

64 『믿음 없는 믿음의 정치』, 220쪽.

65 미카엘 뢰비, 『발터 벤야민: 화재경보』, 양창렬 옮김, 난장, 2017, 19-20쪽. 뢰비는 벤야민의 역사철학이 독일낭만주의, 유대 메시아주의, 마르크스주의를 참조한다고 지적한다. 그런데 이런 참조는 단순한 종합이 아니라 그만의 독창적인 개념의 발명으로 이어졌다. 이는 '기억의 정치학'과 관련이 있다.

66 한상원, 『앙겔루스 노부스의 시선』, 에디투스, 2018, 10쪽.

67 마크 릴라, 『사산된 신』, 마리 오 옮김, 바다출판사, 2009, 229-234쪽. 19세기 독일 신학과 정치의 관계에 대한 논의는 이 책이 독보적이다. 이 장에서는 다루는 19세기 독일신학과 정치에 대한 논의는 이 책의 통찰에 많은 부분 의존해 있음을 밝힌다.

68 『사산된 신』, 238-239쪽.

69 칼 바르트, 『로마서』, 손성현 옮김, 복있는사람, 2017.

70 Franz Rosenzweig, *Der Stern der Erlösung*. Frankfurt am Main: Suhrkamp, 1996, 1988.

71 『사산된 신』, 264-265쪽.

72 칼 바르트, 『로마서』, 손성현 옮김, 복있는사람, 2017, 293쪽.

73 같은 책, 273쪽.

74 『사산된 신』, 282-283쪽.

75 같은 책, 268-269쪽.

76 같은 책, 270쪽.

77 같은 책, 275쪽.

78 같은 책, 277쪽.

79 같은 책, 289쪽.

80 같은 책, 279쪽.

81 『발터 벤야민: 화재경보』, 172쪽.

82 『사산된 신』, 290쪽.

83 같은 책, 290-291쪽.

84   같은 책, 292-295쪽.

85   『바울의 정치신학』, 166쪽.

86   발터 벤야민, 「신학적·정치적 단편」, 『발터 벤야민 선집5』, 최성만 옮김, 129쪽.

87   「신학적·정치적 단편」, 『발터 벤야민 선집5』, 130-131쪽.

88   이하 벤야민의 단편 해설은 타우베스의 책 『바울의 정치신학』 7장 "세계정치로서
      의 니힐리즘과 미학화된 메시아주의"를 참조하였다. 타우베스가 인용한 단편 본
      문은 역자가 최성만의 『발터 벤야민 선집5』를 참조하여 약간 수정을 한 것이다. 이
      하 단편 인용, 출처는 동일하다.

89   테오도어 W. 아도르노, 『미니마 모랄리아: 상처받은 삶에서 나온 성찰』, 김유동 옮
      김, 길, 2005, 325-326쪽.

90   미카엘 뢰비, 『발터 벤야민: 화재경보』, 양창렬 옮김, 2017, 15쪽.

91   같은 책, 16쪽.

92   프랑스의 혁명가 루이-오귀스트 블랑키(1805-1881)는 소수의 엘리트 집단의 혁
      명적 독재를 선호했다. 민중들은 상대적으로 전통과 관습에 귀속되어 있다고 생각
      했다.

93   프랑수아 마리 샤를 푸리에(1772-1837)에 의해 주창된 조합주의적 공산주의.

94   같은 책, 206쪽.

95   같은 책, 209쪽.

96   같은 책, 211쪽.

97   『발터 벤야민 선집5』, 345쪽.

98   『발터 벤야민: 화재경보』, 71-72쪽.

99   벤야민, 「폭력 비판을 위하여」, 『발터 벤야민 선집5』, 80쪽.

100   같은 책, 103쪽.

101   같은 책, 97쪽. "율법은 진노를 불러옵니다. 율법이 없는 곳에는 범법도 없습니
      다"(로마서 4:15); "율법이 있기 전에도 죄가 세상에 있었으나, 율법이 없을 때에
      는 죄가 죄로 여겨지지 않았습니다."(로마서 5:13)

102   같은 책, 111쪽.

103   같은 책, 112쪽.

104   "그러면 우리가 무엇이라고 말을 하겠습니까? 율법이 죄입니까? 그럴 수 없습니
      다. 그러나 율법에 비추어 보지 않았다면, 나는 죄가 무엇인지 알지 못하였을 것
      입니다. 율법에 "탐 내지 말아라" 하지 않았다면, 나는 탐심이 무엇인지를 알지
      못하였을 것입니다."(로마서 7:7)

105   『믿음 없는 믿음의 정치』, 275-276쪽. 다른 각도에서 바울의 다음 텍스트를 연
      구할 수 있다. "지금 닥쳐오는 재난 때문에, 사람이 현재 상태대로 살아가는 것이
      좋다고, 나는 생각합니다. 아내에게 매였으면, 그에게서 벗어나려고 하지 마십시

오. 아내에게서 놓였으면, 아내를 얻으려고 하지 마십시오."(로마서 7:26-27)

106 칼 슈미트,『정치신학』, 김항 옮김, 그린비, 2010, 16-17쪽.

107 같은 책, 24쪽.

108 같은 책, 25쪽.

109 독재의 논리, 물론 독재자 옹호와는 분리해서 이해해야 하는 정치적 개념.

110 아나코-집산주의자,'국가의 권위 부정, 개인의 자유를 인정하면서 생산에서 힘께하고 재산을 공동소유하는 무정부주의자.

111 『정치신학』, 45쪽.

112 같은 책, 48-49쪽.

113 같은 책, 50쪽.

114 홉스는 개인의 자유를 보장하기 위해서는 개인의 계약에 의해 창설된 국가가 필요하며 국가의 통치자는 이런 계약 바깥에 존재하는 자라는 의미에서 절대적 주권을 갖는다고 생각했다. 이것이 주권자의 예외성을 잘 보여준다.

115 같은 책, 51쪽. 독일의 교회법 이론가였던 율리우스 슈탈(Julius Stahl, 1801-1812)의 말로서 모든 법이 신의 계시에 정초한다는 입장이다.

116 같은 책, 52쪽.

117 같은 책, 54쪽.

118 같은 책, 54쪽.

119 『믿음 없는 믿음의 정치』, 109쪽.

120 『정치신학』, 60쪽.

121 같은 책, 61쪽.

122 같은 책, 67쪽.

123 같은 책, 68-69쪽.

124 같은 책, 69-72쪽.

125 같은 책, 72쪽.

126 같은 책, 79쪽.

127 김항,『종말론 사무소』, 문학과지성사, 2016, 132-133쪽.

128 칼 슈미트,『현대 의회주의의 정신사적 상황』, 나종석 옮김, 도서출판 길, 2012, 57쪽.

129 홍철기,「민주주의자로서의 칼 슈미트: 대표, 공공성, 인민」,『실천문학』, 2014, 218-249쪽; 이 논문과 함께 슈미트의 정치신학에 대한 얼개를 이해하고 싶으면 홍철기의 다른 논문「세속화와 정치신학」,『문학과사회』(27호, 2014.)을 참고하라.

130 『바울의 정치신학』, 202-203쪽.

131 같은 책, 240-241쪽.

132 같은 책, 16쪽.

133 같은 책, 242-243쪽.

134 토라 주석서 미드라쉬의 한 유형으로서 율법 문제를 다루는 미드라쉬 할라카와 달리 랍비 문헌에 들어 있는 율법적이지 않은 교훈적 이야기를 해석하고 부연하는 문헌.

135 『바울의 정치신학』, 23-24쪽.

136 같은 책, 25-27쪽.

137 같은 책, 28-29쪽.

138 같은 책, 30쪽.

139 같은 책, 30-33쪽.

140 같은 책, 34쪽.

141 같은 책, 63쪽.

142 『믿음 없는 믿음의 정치』, 199쪽.

143 『바울의 정치신학』, 64쪽.

144 같은 책, 66-67쪽.

145 같은 책, 68-72쪽.

146 알랭 바디우, 『철학을 위한 선언』, 서용순 옮김, 도서출판 길, 2010, 44-45쪽.

147 알랭 바디우, 『투사를 위한 철학: 정치와 철학의 관계』, 서용순 옮김, 오월의봄, 2013, 43쪽.

148 같은 책, 44쪽.

149 같은 책, 44-45쪽.

150 같은 책, 46쪽.

151 같은 책, 48쪽. 철학이 시대의 조건 가운데서 진리 절차를 논할 수 있을 때 세계는 새로운 분할과 새로운 질서가 만들어질 것이다.

152 같은 책, 56쪽.

153 같은 책, 60쪽. 보편적 평등의 가능성은 수학적 차원의 공리적 진리에 다름 아니다. 철학은 진리를 위한 보편적 논리인 것이다.

154 같은 책, 60쪽.

155 같은 책, 61쪽.

156 같은 책, 67쪽.

157 같은 책, 68쪽.

158 같은 책, 66쪽.

159 같은 책, 69쪽.

160 같은 책, 104-105쪽.

161   같은 책, 110쪽.

162   같은 책, 106쪽, 여기서 '유적'이라는 말은 '인간 존재의 보편성의 생성'을 가리킨
       다.

163   알랭 바디우, 『사도 바울』, 현성환 옮김, 새물결, 2008, 15쪽.

164   같은 책, 21쪽.

165   같은 책, 43쪽.

166   같은 책, 32-33쪽.

167   같은 책, 40쪽.

168   같은 책, 47쪽. 사도 바울은 대체로 지역의 거점도시를 방문했다. 그리고 그는 독
       자적인 노선을 갖고 독립적으로 활동했다.

169   같은 책, 54-56쪽.

170   같은 책, 60쪽.

171   같은 책, 84-85쪽.

172   같은 책, 85-86쪽.

173   같은 책, 141쪽.

174   같은 책, 89쪽.

175   같은 책, 90쪽.

176   같은 책, 111쪽. "우리는 이 세상의 쓰레기처럼 되고, 이제까지 만물의 찌꺼기처
       럼 되었습니다."(고린도전서 4:13)

177   같은 책, 114쪽.

178   같은 책, 117쪽.

179   같은 책, 117쪽.

180   같은 책, 124쪽.

181   같은 책, 124-125쪽. 새로운 분할 없이는 보편성도 특수성도 모두 평등의 새로
       운 가능성을 형성할 수 없다.

182   같은 책, 136-137쪽.

183   같은 책, 141쪽.

184   같은 책, 142쪽.

185   같은 책, 143쪽.

186   같은 책, 152-157쪽. 이 번역은 바디우 저서를 몇 편 번역한 박성훈의 미발행 강
       의안을 참조했다.

187   같은 책, 173쪽.

188   같은 책, 180쪽.

189   같은 책, 184쪽.

190   같은 책, 185쪽.

191 같은 책, 125쪽.

192 『믿음 없는 믿음의 정치』, 126-128쪽.

193 조르조 아감벤, 『유아기와 역사』, 조효원 옮김, 새물결, 2010, 165쪽.

194 같은 책, 165쪽.

195 같은 책, 166쪽.

196 같은 책, 170-171쪽.

197 같은 책, 171쪽. 그리스인들에게 시간은 눈에 보이는(관찰되는) 것을 중요하게 고려한다. 이는 '자연학'의 시간(시점)을 중심으로 역사를 이해했기 때문이다.

198 같은 책, 172-173쪽.

199 같은 책, 175쪽.

200 같은 책, 176-177쪽. 근대의 시간은 중세의 영원의 수레바퀴의 운명에서 벗어났지만 근대의 과학적 세계 체계 내의 수학적 시간을 오히려 강화하는 효과가 나타났다.

201 같은 책, 178-179쪽.

202 같은 책, 179쪽.

203 같은 책, 180-181쪽.

204 같은 책, 181쪽. 마르크스의 시간 이해는 실천적 측면에 주목함으로서 시간의 경험에 대해 강조하지만 실천이 해방의 역사에서는 그 구체성을 잃어버리게 된다. 이는 해방의 역사적 시간이 여전히 추상적임을 의미한다.

205 같은 책, 182쪽.

206 같은 책, 182쪽.

207 같은 책, 182쪽.

208 같은 책, 183-184쪽.

209 같은 책, 184-185쪽.

210 같은 책, 185-186쪽.

211 같은 책, 187-188쪽.

212 같은 책, 189쪽.

213 같은 책, 191-193쪽.

214 같은 책, 193쪽.

215 조르조 아감벤, 『남겨진 시간』, 강승훈 옮김, 코나투스, 2008, 12쪽. 이 책의 원제 Il Tempo Che Resta는 원래 "남겨진 시간"이 아니라 "남은 시간"이라고 번역해야 한다. 이 번역서는 현재 절판되었다.

216 같은 책, 84쪽. 바리새파는 '파리셰'(분리)를 통해 자신들의 경건함을 유지하려고 했다. 그런데 이런 분할을 재차 분할하는 '구별'은 기존의 분리를 문제삼는다.

217 같은 책, 89-90쪽.

218 같은 책, 93쪽.

219 같은 책, 97쪽.

220 이 부분은 본인의 논문, 「사건의 공백과 급진적 분할의 주체」, 『시대와 철학』, 제25권 2호(통권 67호), 2014에서 가져온 내용임을 밝힌다.

221 『남겨진 시간』, 76쪽.

222 같은 책, 174-175쪽. "예외란 단순한 배제가 아니라 포섭적인 배제이며, 문사 자체의 의미에서는 엑스-케프티오(ex-ceptio)이다." 칼 슈미트의 주권과 법의 관계에 대해 설명하면서 법 권리를 창출하려면 법 권리를 필요로 하지 않는 주권자라는 예외상태가 필요한데, 이때 예외는 단순히 배제당한 자라는 의미가 아니라 머리가 몸을 규정하듯이 머리가 몸에 포함되어 있지만 돌출해 있다는 점에서 몸을 대표한다는 의미에서 머리는 몸에 대해 예외적이라고 이해할 수 있다.

223 같은 책, 177쪽.

224 같은 책, 163쪽.

225 같은 책, 164쪽.

226 같은 책, 191쪽. 아감벤의 독특한 주체인 '호모 사케르'를 가리킨다. 아우슈비츠 수용소의 무젤만이나 필경사 바틀비 등이 이에 해당한다. 특히, 무젤만의 경우 아우슈비츠에서 '걸어다니는 시체'로 알려졌을 뿐만 아니라 수용소에 있던 무슬림들을 가리킬 때도 사용되었는데, 이들은 게르만족으로부터 배제당하고 그리고 동시에 수용된 유대인으로부터도 배제당하는 자들이었다. 아감벤, 『아우슈비츠의 남은 자들』, 정문영 옮김, 새물결, 2012.

227 조르조 아감벤, 『호모 사케르』, 박진우 옮김, 새물결, 2008, 45-46쪽.

228 오히려 이 아나키적 주체는 자기 자신의 '탈주체화의 주체화(le sujet de sa propre désubjectivation)'라고 말해야 할 것이다. 양창렬, 「장치학을 위한 서론」, 『장치란 무엇인가』, 162쪽, 참조.

229 『남겨진 시간』, 100-101쪽.

230 같은 책, 107쪽.

231 같은 책, 108쪽.

232 같은 책, 109-110쪽.

233 같은 책, 110쪽.

234 같은 책, 111쪽. 조르조 아감벤, 『남은 시간』, 김상운·양창렬 옮김, 난장(근간 예정), 이 책은 조만간 출간 예정이며 공역자의 허락을 받고 본문을 인용한다.

235 같은 책, 111쪽.

236 같은 책, 111-117쪽. '조작적 시간'은 시간의 층위를 분할하는 효과를 통해 현재적 시간 내에 새로운 가능성의 경험 내지 향유의 시간의 사건이 일어나게 한다.

237 같은 책, 117-118쪽.

238 같은 책, 119쪽.

239 같은 책, 120-121쪽.

240 같은 책, 126-127쪽.

241 같은 책, 127쪽. 번역은 김상운과 양창렬의 것.

242 같은 책, 128-129쪽.

243 슬라보예 지젝, 『죽은 신을 위하여』, 김정아 옮김, 도서출판 길, 2007, 5쪽.

244 전자는 구도적 영성을 강조하는 쪽으로, 후자는 국가철학의 형식으로 명맥을 이어간다.

245 『죽은 신을 위하여』, 5-6쪽.

246 같은 책, 11쪽.

247 같은 책, 17쪽.

248 같은 책, 19쪽.

249 같은 책, 18-19쪽.

250 같은 책, 23-25쪽.

251 같은 책, 27쪽.

252 같은 책, 30-31쪽.

253 같은 책, 41-42쪽.

254 같은 책, 42쪽.

255 같은 책, 48쪽.

256 같은 책, 53쪽.

257 지젝은 그의 중요한 개념인 '시차적 관점(parallax view)'이라는 개념을 통해 그의 독특한 주체 개념에 다가선다. 시차적 관점이란 다른 말로 어떤 중간적 공통적 토대가 가능하지 않는 두 개의 서로 밀접하게 연결된 시각들의 대면을 의미하는 '시차적 틈(parallax gap)'이라고도 할 수 있다. 이 시차적 틈 때문에 주체는 자기 안에 타자를 품은 의식상의 자신이 자신이기도 하고 자신이 아닌 실재에 의해 소실점으로서의 주체, '시차적 틈'으로서의 주체이다. 여기에 지젝은 종교적인 것을 주체적인 문제로 끌어들이면서 정치적인 것으로 만들어낸다. 종교적인 것은 미학과 윤리학의 시차적 관점에 의해 중재된 합이 아니라, 시차적 틈의 급진적인 확신이다. 여기서 이 확신은 유한한 것과 무한한 것을 메울 수 없는 심연이자 역설이다.

258 『죽은 신을 위하여』, 175쪽.

259 같은 책, 176쪽.

260 같은 책, 176-177쪽.

261 같은 책, 177쪽.

262 같은 책, 177-178쪽.

263 같은 책, 181쪽.

264 같은 책, 210쪽.

265 같은 책, 211쪽. 지젝의 '잔여(나머지)'는 부분들과 대립하는 '본연의 전체'와 같다. 잔여의 자리가 없다는 것을 보편적으로 보이는 행위가 잔여의 투쟁이다.

266 같은 책, 213쪽.

267 같은 책, 214쪽.

268 같은 책, 214쪽.

269 같은 책, 217쪽.

270 같은 책, 218쪽. 여기서 지젝의 사건적 시간에 대한 이해는 바디우의 것과 유사하다. 실제로 지젝과 바디우는 많은 부분에서 사상적 동지관계이다.

271 같은 책, 219쪽.

272 같은 책, 181쪽.

273 같은 책, 186쪽.

274 같은 책, 189-190쪽.

275 같은 책, 191-192쪽.

276 같은 책, 190쪽.

277 같은 책, 231쪽.

278 같은 책, 232쪽.

279 같은 책, 233쪽.

280 데리다, 『마르크스의 유령들』, 진태원 옮김, 그린비, 2014, 72쪽. 데리다는 '메시아적인 것'을 타자의 도래함 또는 정의로서의 도착하는 이의 절대적이고 예건 불가능한 독특성을 의미한다(71쪽, 참조).

281 『마르크스의 유령들』, 71쪽.

282 같은 책, 76쪽.

283 사토 요시유키, 『권력과 저항』, 김상운 옮김, 난장, 2012, 218-219쪽.

284 『마르크스의 유령들』, 76쪽.

285 테드 제닝스, 『데리다를 읽는다/바울을 생각한다』, 박성훈 옮김, 그린비, 2014, 56-57쪽. 법과 이야기는 서로 보완적이지만 상충하기도 한다. 하지만 법이 있기 전에 이야기가 먼저 있었다.

286 같은 책, 58-59쪽.

287 자크 데리다, 『법의 힘』, 진태원 옮김, 문학과지성사, 2004, 20쪽.

288 『법의 힘』, 15-16쪽.

289 같은 책, 19쪽.

290 같은 책, 37쪽.

291 이성에 의한 자연법의 타락-"힘없는 정의는 무기력하다."

292 허구의 대체보충/인공물의 대체보충, 자연법의 부재로 인해 실정법의 보충요
     구-"우리의 법 역시 적법한 허구들을 갖고 있으며 그것은 이 허구들 위에 자신의
     정의의 진리를 정초한다고 한다."
293 『법의 힘』, 26-31쪽.
294 같은 책, 34-35쪽.
295 『마르크스의 유령들』, 10쪽.
296 같은 책, 12쪽.
297 같은 책, 13쪽.
298 같은 책, 15-16쪽.
299 자크 데리다, 『환대에 대하여』, 남수인 옮김, 동문선, 2004, 104-105쪽.
300 『데리다를 읽는다/바울을 생각한다』, 121쪽.

참고문헌

E. P. 샌더스, 『바울 율법 유대인』, 김진영 옮김, CH북스(크리스천다이제스트), 1995.

_____, 『바울신학』, 박문재 옮김, CH북스, 2003.

_____, 『사도 바오로-그리스도교의 설계자』, 전경훈 옮김, 뿌리와이파리, 2016.

강남순, 『용서에 대하여』, 동녘, 2017.

_____, 『정의에 대하여』, 동녘, 2016.

_____, 『코즈모폴리터니즘과 종교』, 새물결플러스, 2015.

고병권, 『니체의 위험한 책, 차라투스트라는 이렇게 말했다』, 그린비, 2003.

귄터 보른캄, 『바울』, 허혁 옮김, 이화여자대학교출판문화원, 2006.

길버트 키스 체스터턴, 『정통』, 홍병룡 옮김, 아바서원, 2016.

김용하, 『정치적 글쓰기의 멜랑콜리-신채호와 발터 벤야민을 중심으로』, 서강대학교출
       판부, 2017.

김진호, 『리부팅 바울』, 삼인, 2013.

김호경, 『바울-차별과 불평등의 장벽을 넘어서』, 살림, 2009.

김학철, 『아무것도 아닌 것들의 기쁨: 사도바울과 새 시대의 윤리』, 문학동네, 2016.

김항, 『종말론 사무소』, 문학과지성사, 2016.

도로테 죌레, 『신비와 저항』, 정미현 옮김, 이화여자대학교출판문화원, 2012.

도미니크 핀켈데, 『바울의 정치적 종말론』, 오진석 옮김, 도서출판b, 2015.

리처드 A. 호슬리 외, 『바울과 로마제국: 로마 제국주의 사회의 종교와 권력』, 홍성철 옮
       김, CLC, 2007.

리처드 B. 헤이스, 『바울서신에 나타난 구약의 반향』, 이영옥 옮김, 여수룬, 2017.

마르틴 하이데거, 『존재와 시간』, 이기상 옮김, 까치, 1998.

_____, 『종교적 삶의 현상학』, 김재철 옮김, 누멘, 2011.

마커스 보그, 존 도미니크 크로산, 『첫 번째 바울의 복음』, 김준우 옮김, 한국기독교연구

소, 2010.

마크 릴라, 『사산된 신』, 마리 오 옮김, 바다출판사, 2009.

문강형준, 『파국의 지형학』, 자음과모음, 2011.

미셸 푸코, 『안전, 영토, 인구-콜레주드프랑스강의 1977-78년도』, 오르트망 옮김, 난장, 2011.

미카엘 뢰비, 『발터 벤야민: 화재경보』, 양창렬 옮김, 난장, 2017.

발터 벤야민, 「신학적·정치적 단편」, 『발터 벤야민 선집5』, 최성만 옮김, 도서출판 길, 2008.

_____, 「역사개념에 대하여」, 『발터 벤야민 선집 5권』, 최성만 옮김, 도서출판 길, 2008.

_____, 「폭력비판을 위하여」, 『발터 벤야민 선집5』, 최성만 옮김, 도서출판 길, 2008.

_____, 『모스크바 일기』, 김남시 옮김, 도서출판 길, 2015.

백승영, 『니체, 철학적 정치를 말하다』, 책세상, 2018.

복도훈, 『묵시록의 네 기사』, 자음과모음, 2012.

브루노 아르파이아, 『역사의 천사: 발터 벤야민의 죽음, 그 마지막 여정』, 정병선 옮김, 오월의봄, 2017.

사이먼 크리츨리, 『믿음 없는 믿음의 정치』, 문순표 옮김, 이후, 2015.

사토 요시유키, 『권력과 저항: 푸코, 들뢰즈, 데리다, 알튀세르』, 김상운 옮김, 난장, 2012.

서동진, 『동시대 이후: 시간-경험-이미지』, 현실문화A, 2018.

서용순, 「다시, 알랭 바디우의 진리철학」, 『처음 읽는 프랑스현대철학』, 동녘, 2013.

슬라보예 지젝, 『무너지기 쉬운 절대성』, 김재영 옮김, 인간사랑, 2004.

_____, 『믿음에 대하여』, 최생열 옮김, 동문선, 2003.

_____, 『시차적 관점』, 김서영 옮김, 마티, 2009.

_____, 『죽은 신을 위하여』, 김정아 옮김, 도서출판 길, 2007.

슬라보예 지젝·존 밀뱅크, 『예수는 괴물이다』, 박치현·배성민 옮김, 마티, 2013.

슬라보예 지젝 외, 『민주주의는 죽었는가』, 김상운 외 옮김, 난장, 2010.

슬라보예 지젝 외, 『아듀 데리다』, 최용미 옮김, 인간사랑, 2013.

슬라보예 지젝 외, 『이웃』, 도서출판b, 2010.

신상희, 『하이데거와 신』, 철학과현실사, 2007.

알랭 바디우, 『메타정치론』, 김병욱·박성훈·박영진 옮김, 이학사, 2018.

_____, 『사도 바울』, 현성환 옮김, 새물결, 2008.

_____, 『윤리학』, 이종영 옮김, 동문선, 2001.

_____, 『존재와 시간』, 조형준 옮김, 새물결, 2013.

_____, 『철학을 위한 선언』, 서용순 옮김, 도서출판 길, 2010.

_____, 『투사를 위한 철학: 정치와 철학의 관계』, 서용순 옮김, 오월의봄, 2013.

알랭 바디우·슬라보예 지젝, 『바디우와 지젝 현재의 철학을 말하다』, 민승기 옮김, 도서
출판 길, 2013.

알랭 바디우 외, 『인민이란 무엇인가』, 서용순 외 옮김, 현실문화, 2014.

야콥 타우베스, 『바울의 정치신학』, 조효원 옮김, 그린비, 2012.

양창렬, 「장치학을 위한 서론」, 『장치란 무엇인가』, 난장, 2010.

에르트무트 비치슬라, 『벤야민과 브레히트』, 윤미애 옮김, 문학동네, 2015.

에른스트 블로흐, 『저항과 반역의 기독교』, 박설호 옮김, 열린책들, 2009.

에른스트 트뢸취, 『기독교사회윤리』, 현양학 옮김, 한국신학연구소, 2007.

윤인로, 『묵시적/정치적 단편들: 이상의 리얼리즘에 대하여』, 자음과모음, 2015.

윤인로, 『신정-정치』, 갈무리, 2017.

이상철, 『죽은 신의 인문학』, 돌베개, 2018.

이상철, 『탈경계의 신학』, 동연, 2012.

인디고 연구소 편, 『불가능한 것의 가능성: 슬라보예 지젝 인터뷰』, 궁리, 2012.

자크 데리다, 『마르크스의 유령들』, 진태원 옮김, 그린비, 2014.

_____, 『마르크스주의와 해체』, 진태원·한형식 옮김, 도서출판 길, 2009.

_____, 『법의 힘』, 진태원 옮김, 문학과지성사, 2004.

_____, 『신앙과 지식/세기와 용서』, 최용호·신정아 옮김, 아카넷, 2016.

_____, 『환대에 대하여』, 남수인 옮김, 동문선, 2004.

정영도, 『칼 야스퍼스의 니체와 기독교 읽기』, 세창출판사, 2016.

제임스 던, 『바울에 관한 새 관점』, 최현만 옮김, 에클레시아북스, 2012.

조르조 아감벤, 『왕국과 영광: 오이코노미아와 통치의 신학적 계보학을 향하여』, 박진
우·정문영 옮김, 새물결, 2016.

_____, 『남겨진 시간』, 강승훈 옮김, 코나투스, 2008.

_____,『도래하는 공동체』, 이경진 옮김, 꾸리에, 2014.

_____,『아우슈비츠의 남은 자들』, 정문영 옮김, 새물결, 2012.

_____,『유아기와 역사』, 조효원 옮김, 새물결, 2010.

_____,『호모 사케르: 주권 권력과 벌거벗은 생명』, 박진우 옮김, 새물결, 2008.

존 카푸토,『종교에 대하여』, 최생열 옮김, 동문선, 2018.

주디스 버틀러,『안티고네의 주장』, 조현순 옮김, 동문선, 2005.

_____,『지상에서 함께 산다는 것: 이스라엘 팔레스타인 분쟁, 유대성과 시온주의 비
판』, 양효실 옮김, 시대의창, 2016.

질 들뢰즈,『니체와 철학』, 이경신 옮김, 민음사, 2001.

카렌 암스트롱,『바울 다시 읽기』, 정호영 옮김, 훗, 2017.

칼 바르트,『로마서』, 손성현 옮김, 복있는사람, 2017.

칼 슈미트,『정치신학: 주권론에 관한 네 개의 장』, 김항 옮김, 그린비, 2010.

_____,『정치적인 것의 개념』, 김효전·정태호 옮김, 살림, 2012.

_____,『현대 의회주의의 정신사적 상황』, 나종석 옮김, 도서출판 길, 2012.

클로소프스키『니체와 악순환-영원회귀의 체험에 대하여』, 조성천 옮김, 그린비, 2009.

키스 W. 휘틀럼,『고대 이스라엘의 발명』, 김문호 옮김, 이산, 2003.

테드 제닝스,『데리다를 읽는다/바울을 생각한다』, 박성훈 옮김, 그린비, 2014.

_____,『무법적 정의』, 박성훈 옮김, 도서출판 길, 2018.

테리 이글턴,『신을 옹호하다』, 강주헌 옮김, 모멘토, 2010.

테오도어 W. 아도르노,『미니마 모랄리아: 상처받은 삶에서 나온 성찰』, 김유동 옮김, 도
서출판 길, 2005.

토마스 렘케,『생명정치란 무엇인가』, 심성보 옮김, 그린비, 2015.

톰 라이트,『바울과 하나님의 신실하심』상/하, 박문재 옮김, CH북스, 2015.

프랑크 옐레,『편안한 침묵보다는 불편한 외침을: 신학자 칼 바르트와 1906-1968의 정
치』, 이용주 옮김, 새물결플러스, 2016.

프레드 달마이어,『다른 하이데거: 정치철학의 시선으로 조명한 새로운 하이데거론』, 신
충식 옮김, 문학과지성사, 2011.

프리드리히 니체,『선악의 저편, 도덕의 계보』(니체전집14권), 김정현 옮김, 책세상, 2002.

_____,『안티크리스트』, 박찬국 옮김, 아카넷, 2013.

_____,『차라투스트라는 이렇게 말했다』, 정동호 옮김, 책세상, 2000.

프리모 레비,『가라앉은 자와 구조된 자』, 이소영 옮김, 돌베개, 2014.

_____,『이것이 인간인가』, 이현경 옮김, 돌베개, 2007.

_____,『지금이 아니면 언제?』, 이현경 옮김, 돌베개, 2017.

피터 홀워드,『알랭 바디우: 진리를 향한 주체』, 박성훈 옮김, 도서출판 길, 2016.

한상원,『앙겔루스 노부스의 시선』, 에디투스, 2018, 10쪽.

한스 켈젠,『규범의 일반이론1』, 김성룡 옮김, 아카넷, 2007.

_____,『한스 켈젠의 정의란 무엇인가』, 이남원 옮김, 울산대학교출판부, 2018.

홍철기,「민주주의자로서의 칼 슈미트: 대표, 공공성, 인민」,『실천문학』, 2014.

_____,「세속화와 정치신학」,『문학과사회』(27호), 2014.

바울과 현대철학

바울은 동시대에 대해 무엇을 말하는가

Copyright ⓒ 김성민 2018

1쇄 발행 2018년 9월 20일

지은이 김성민
펴낸이 김요한
펴낸곳 새물결플러스

편 집 왕희광 정인철 박규준 노재현 한바울 신준호
정혜인 이형일 서종원 조광수
디자인 이성아 이재희 박슬기 이새봄
마케팅 박성민 이윤범
총 무 김명화 이성순
영 상 최정호 조용석 곽상원
아카데미 유영성 차상희

홈페이지 www.holywaveplus.com
이메일 hwpbooks@hwpbooks.com
출판등록 2008년 8월 21일 제2008-24호
주 소 (우) 07214 서울특별시 영등포구 양평로 11, 4층(당산동5가)
전 화 02) 2652-3161
팩 스 02) 2652-3191

ISBN 979-11-6129-079-9 93230

책값은 뒤표지에 있습니다.

이 도서의 국립중앙도서관 출판예정도서목록(CIP)은 서지정보유통지원시스템
홈페이지(seoji.nl.go.kr)와 국가자료공동목록시스템(nl.go.kr/kolisnet)에서
이용하실 수 있습니다. CIP2018029484